Máscara e Personagem: O Judeu no Teatro Brasileiro

Coleção Debates
Dirigida por J. Guinsburg

Equipe de Realização – Edição de Texto: Ângela Gomes; Revisão: Adriano C.A. e Sousa; Produção: Ricardo W. Neves, Sergio Kon, Raquel Fernandes Abranches, Elen Durando, Luiz Henrique Soares e Mariana Munhoz.

**maria augusta
de toledo bergerman**

MÁSCARA
E PERSONAGEM:
O JUDEU NO
TEATRO BRASILEIRO

cip-Brasil. Catalogação-na-Fonte
Sindicato Nacional dos Editores de Livros, rj

B433m

Bergerman, Maria Augusta de Toledo
    Máscara e personagem: o judeu no teatro brasileiro / Maria
Augusta de Toledo Bergerman. – 1. ed. – São Paulo : Perspectiva,
2013.
    160 p. ; 20,5 cm.   (Debates ; 334)

    Inclui bibliografia
    isbn 978-85-273-0988-2

    1. Teatro brasileiro - História e crítica. 2. Artes cênicas. i.
Título. ii. Série.

13-05420

CDD: 809
CDU: 82.09

24/09/2013   26/09/2013

Direitos reservados em língua portuguesa à

EDITORA PERSPECTIVA S.A.

Av. Brigadeiro Luís Antônio, 3025
01401-000 São Paulo SP Brasil
Telefax: (11) 3885-8388
www.editoraperspectiva.com.br

2013

Ao professor Jacó Guinsburg,
amigo e incentivador, cuja colaboração
minuciosa e constante tornou possível
a realização deste estudo.

SUMÁRIO

Introdução 15

O JUDEU E O CRISTÃO-NOVO: ELEMENTOS
PARA UM PERFIL 19
   As Diferentes Formulações 19
   O Homem Marginal 22
   A Mitificação e a Diabolização 24

PANORAMA DA PRESENÇA DO JUDEU
E DO CRISTÃO-NOVO NO BRASIL 27

OS PERFIS DO JUDEU NO TEATRO
BRASILEIRO 35
   Perfil Religioso:
   Os Judeus e o Deicídio 35

Perfil Econômico-Social:
O Judeu e Seus Papéis Sociais Específicos: Do
Agiota ao Banqueiro 50

Perfil Antropológico:
Raça x Religião 61

Perfil Político:
A Manipulação Ideológico-Política dos
Estereótipos e Preconceitos: O Apátrida, o
Capitalista Internacional, o Agente do Sionismo
Imperialista e o Revolucionário de Esquerda 71

Perfil Ético:
O Judeu Como Expressão do Mal e a Exaltação
Filossemita das Qualidades Morais do Judeu 80

Perfil Psicológico:
A Psique Judaica no Discurso do Preconceito
Racionalizado e Não Racionalizado 86

OS PERFIS DO CRISTÃO-NOVO
NO TEATRO BRASILEIRO 97

Perfil Religioso 99

Perfil Econômico-Social 101

Perfil Antropológico 102

Perfil Político 103

Perfil Ético 105

Perfil Psicológico 106

Anexo: Monitório do Inquisidor Geral 109

A FORMAÇÃO DA MÁSCARA TEATRAL 111

Período Jesuítico e Barroco: A Personagem
Como Agente Reforçador da Proposta Cristã 111

Período Romântico: A Configuração da Máscara
Popular e Negativa do Judeu 114

Período Realista: A Realimentação da Máscara...... 122

Período Moderno e Contemporâneo:
Primeiras Tentativas de Rompimento Com o
Mito Tradicional e Surgimento de Nova Máscara..126

A MÁSCARA EM CENA E O TEATRO
ENQUANTO VEÍCULO DE MANUTENÇÃO
DE PRECONCEITOS 137

A PERPETUAÇÃO DOS PRECONCEITOS................147

Bibliografia 149

ISRAEL

Um homem prisioneiro e enfeitiçado,
um homem condenado a ser serpente
que guarda um ouro infame,
um homem condenado a ser Shylock,
um homem que se inclina sobre a terra
e que sabe que esteve no Paraíso,
um homem velho e cego que há de romper
as colunas do templo,
um rosto condenado a ser máscara,
um homem que apesar dos homens
é Spinoza e o Baal Shem e os cabalistas,
um homem que é o Livro,
uma boca que celebra do abismo
a justiça do firmamento,
um procurador ou um dentista
que dialogou com Deus numa montanha
um homem condenado a ser escárnio,
abominação, o judeu,
um homem lapidado, incendiado
e afogado em câmaras letais,
um homem que teima em ser imortal
e que agora voltou a sua batalha,
à violenta luz da vitória,
formoso como um leão ao meio-dia.

JORGE LUIS BORGES, *Elogio da Sombra*

INTRODUÇÃO

Nosso interesse pelo tema surgiu a partir de uma sugestão de nosso orientador, da constatação da existência de temas e figuras marginalizadas nas análises tradicionais sobre teatro e literatura no Brasil. Como a influência das imigrações se constituiu em fator decisivo para a formação do país, o estudo desse processo poderia fornecer subsídios para uma visão mais ampla e objetiva da nossa realidade cultural.

Aliada a essa constatação, tomamos como pressuposto que o teatro seria uma fonte tanto mais rica para a coleta de elementos necessários a uma análise como a nossa, quanto se trata de um dos principais veículos culturais e artísticos a incorporar e refletir os processos da vida social.

Em função disso, iniciamos uma pesquisa de textos da dramaturgia brasileira, desde o teatro jesuítico até a década de 1980, capaz de fornecer um panorama, o mais completo possível, da presença do judeu e do papel que ele desempenhou em nossa evolução sociocultural.

Para a constituição do *corpus* da dissertação que deu origem a este livro, tivemos de desbastar uma gama bastante variada de fontes dramatúrgicas e de história do nosso teatro, desde os textos reconhecidos por sua qualidade literária, até a dramaturgia menos elaborada artisticamente, e que inclui peças circenses e esquetes de teatro de revista.

Em vista disso, a coleta de dados foi precedida de uma pesquisa de campo, na qual foram consultados diversos estudiosos do assunto teatral e outros ligados a temas judaicos. A partir das sugestões apresentadas, passamos a relacionar os textos teatrais mencionados nas seguintes obras: *O Teatro no Brasil*, de J. Galante de Sousa; *Dicionário Bibliográfico Brasileiro*, de Sacramento Blake; *Panorama do Teatro Brasileiro*, de Sábato Magaldi; *História da Inteligência Brasileira*, de Wilson Martins e *Índice de Autores e Peças da Dramaturgia Brasileira*, publicação do Serviço Nacional de Teatro.

Essa estratégia nos forneceu um quadro inicial que foi posteriormente ampliado, quando se iniciou a segunda etapa da pesquisa, a consulta às bibliotecas de São Paulo. Também no Rio de Janeiro foram pesquisados o Arquivo Nacional, Biblioteca Nacional e Banco de Peças do Serviço Nacional de Teatro.

A fim de aprofundar essa sondagem, fizemos também levantamento no Arquivo do DDP (Divisão de Diversões Públicas da Secretaria de Estado dos Negócios de Segurança Pública). O arquivo é composto por peças que passaram pelo crivo da censura de 1927 a 1967. Contém textos circenses, esquetes de teatro de revista, todas as peças nacionais encenadas nos vários teatros paulistas, no período acima citado, além do repertório de companhias estrangeiras submetidos à censura prévia e com seus respectivos pareceres.

Apesar dos esforços empreendidos, não logramos localizar cerca de dezoito peças mencionadas nas obras de Galante de Sousa e Sacramento Blake. Duas delas, referentes à Inquisição, poderiam, sem dúvida, ter fornecido rico material para análise.

No final de nossa pesquisa, localizamos 101 textos dramatúrgicos, nos quais o judeu surge ou como personagem principal e secundária ou como objeto de alusão.

Com base nessas fontes e no conjunto de estudos, leituras e discussões críticas realizadas, elaboramos uma estruturação de natureza sociológica, psicológica, política etc. para a confecção dos perfis do judeu no teatro brasileiro. Esse corte visou fornecer um embasamento socioeconômico, não pretendendo uma análise mais aprofundada, mas a aplicação ao estudo das pesquisas de diversos especialistas sobre o tema tratado.

Embora a base seja sociológica, política e psicológica, nosso objetivo é chegar à visão estética e analisar como se desenha a personagem do judeu na dramaturgia e também no palco brasileiros.

Através da análise dos diversos perfis do judeu, calcados em imagens em geral estereotipadas, tanto positivas como negativas, sobre a personagem, nos foi possível configurar os traços de sua máscara teatral, o que nos abriu também caminho para a análise do papel do teatro enquanto portador e mantenedor de preconceitos. Dado o fato de o espetáculo teatral provocar respostas imediatas do público, os dramaturgos se tornam, por sua vez, em certa extensão, agentes captadores de preferências e tendências sociais. Assim sendo, o veículo cênico tem a capacidade de reverberar expectativas de seu destinatário, ao mesmo tempo que as incorpora, funcionando como agente reforçador de estereótipos.

Desse modo, o objetivo central de nosso estudo é o de iluminar aspectos capazes de trazer eventuais subsídios para uma análise mais ampla do processo cultural brasileiro, e menos calcada em preconcepções marginalizantes de certos grupos sociais.

O JUDEU E O CRISTÃO-NOVO:
ELEMENTOS PARA UM PERFIL

As Diferentes Formulações

O conceito do que é ser judeu tem variado, de forma considerável, desde a Antiguidade até os nossos dias. Definições baseadas em motivos religiosos ou raciais foram empregadas em diversos momentos históricos, sempre obedecendo a fatores de ordem política e econômica para sua adoção.

Após a dispersão judaica no ano 70 E.C., quando seu território é conquistado pelos romanos, os judeus deixam de existir enquanto comunidade nacional. Daí para frente, os laços que unem esse grupo disperso por todos os continentes são baseados na religião, em hábitos e tradições ligados à *Torá* e no seu passado histórico comum.

Com a adoção do cristianismo como religião oficial pelo Império Romano, levada a efeito por Constantino (306-337 E.C.), tem início uma série de medidas restritivas com relação aos judeus, além de inúmeras perseguições religiosas. "A Roma pagã fora tolerante e liberal em matéria de opiniões religiosas e, em geral, os judeus não haviam sido atingidos em seus direitos civis por causa de seu particularismo religioso."[1] A partir dessa época, porém, as perseguições e extermínios foram ditados por ordem predominantemente religiosa. Também na época medieval e após a instalação da Inquisição em Espanha e Portugal, a razão alegada para a discriminação contra os judeus era a de serem eles inimigos da fé cristã, nunca por motivos raciais, embora fatores econômico-políticos possam ser também hoje detectados como motivadores da atitude.

"Somente com o desenvolvimento do capitalismo e quando a procura do lucro se tornou uma das características da civilização ocidental é que se modificou essa atitude de tolerância em relação às outras raças"[2] e os perseguidores deixam de se referir à religião judaica, adotando a terminologia "raça judia".

A conceituação do judeu enquanto raça foi bastante elaborada no final do século XIX e decorrer do século XX, quando diversos teóricos, principalmente os simpatizantes do nazismo, procuraram dar-lhe embasamento científico[3]. Supunha à época a existência de duas raças distintas, "das quais uma era designada por um velho termo linguístico, completamente em desuso ('ariano') e a outra, por um termo religioso aplicável a alguns de seus descendentes"[4].

No entanto, a despeito da preocupação de se conceituar uma "raça judia" com suposto rigor científico, os próprios nazistas "tiveram de apelar ao critério religioso a fim de efetuar a discriminação: era considerado de raça judia aquele cuja genealogia revelasse haver entre seus ascendentes certo número de adeptos do judaísmo"[5].

---

1. H.L. Shapiro, O Povo da Terra Prometida, em Unesco (org.), *Raça e Ciência I*, p. 155.
2. K.L. Little, Raça e Sociedade, em Unesco (org.), *Raça e Ciência I*, p. 64.
3. L.V. Poliakov, *O Mito Ariano*.
4. L.C. Dunn, Raça e Biologia, em Unesco (org.), *Raça e Ciência II*, p. 14.
5. M. Leires, Raça e Civilização, em Unesco (org.), *Raça e Ciência I*, p. 197.

Desse modo, a heterogeneidade do grupo judeu, provocada por séculos de miscigenação com os diversos povos com que conviveu, impossibilita uma definição racial. Existe, pois, uma postura unânime nos estudos mais recentes sobre o assunto – os judeus não constituem uma raça. Para Melville Herskovits, por exemplo, não se pode falar em uma raça judia, embora possam ser atribuídas aos judeus certas "características raciais", sendo mesmo essas diferentes para os asquenazitas e para os sefaraditas. Segundo ele,

o problema da definição é especialmente complexo, por haver uma suficiente semelhança no tipo físico entre considerável número de judeus, para permitir o desenvolvimento de um estereótipo, que recebe reforço diário na mente dos leigos, e ainda justifica certas classificações científicas para certos subgrupos judeus. Há, também, um mínimo de valores tradicionalmente aceitos, e certo senso de continuidade histórica – sustentados por um número suficiente de judeus para fazer esses aspectos da vida judaica agigantar-se nas mentes dos que se enquadram na definição. No entanto, seja ao nível do tipo físico ou da cultura, as exceções permanecem, excedendo quaisquer limites que aparentemente possam ser esboçados[6].

Shapiro, que estudou as origens étnicas dos judeus e as modificações levadas a efeito durante sua história, devido às suas relações com outros povos, conclui que a consequência física da dispersão é "uma diversificação biológica poucas vezes apresentada por outros povos"[7]. Também Juan Comas alude a essa diversidade que faz "com que possamos encontrar no chamado povo de Israel exemplos de traços característicos de todos os povos"[8].

Negando a validade do conceito de "raça judia", podemos também nos deter sob outro ponto de vista – o cultural. Existem, para muitos judeus, tradições, crenças e hábitos comuns que aparecem, na maior parte das vezes,

6. Quem São os Judeus?, em R.R. Krausz, *Problemas de Sociologia Judaica*, p. 22-23.
7. Op. cit., p. 185.
8. Os Mitos Raciais, em Unesco (org.), *Raça e Ciência I*, p. 37.

mesclados à religião. Mas, mesmo esses, quando se trata do ramo sefaradita ou asquenazita, apresentam variações demasiado consideráveis para que se possa adotar um conceito abrangente.

O dialeto utilizado pelos judeus sefaraditas, o ladino, por exemplo, baseia-se no espanhol, enquanto a língua ídiche empregada pelos asquenazitas é formada, principalmente, com base no alemão. Essas e outras diferenciações tornam parciais as definições moldadas nesses termos.

Assim como não se pode falar em um tipo judeu, também a conceituação elaborada através da religião ou cultura judaica não se mostra abrangente, pois não se refere a todos os integrantes do grupo judeu. Para Sartre, a chave dessa definição demasiado complexa não estaria nem na religião, nem na raça ou no passado comum. Os judeus "possuem em comum uma situação de judeu, isto é, porque vivem no seio de uma comunidade que os considera judeus"[9].

De fato, essa parece ser, principalmente sob o ponto de vista não judeu, e ao contrário da identificação unitária que o próprio grupo tem de si mesmo, a característica que define o judeu: a sua situação de estrangeiro e de "diferente", que levou E. Stonequist a defini-lo como um típico "homem marginal".

O Homem Marginal

"A migração como fenômeno social pode ser estudada não apenas em seus efeitos maiores, manifestados nas mudanças de costume e dos *mores*, mas também em seus aspectos subjetivos, manifestados no tipo mudado de personalidade que ela produz."[10] Assim, toda migração é marcada por uma fase de marginalidade, na qual o indivíduo oscila entre a nova cultura com que entra em contato e a anterior, que já

9. Reflexões Sobre a Questão Judaica, *Reflexões Sobre o Racismo*, p. 39.
10. E. Stonequist, *O Homem Marginal*, p. 19.

estava fixada em sua personalidade. Esse processo tende a se atenuar, paulatinamente, e a assimilação individual se consolida quando a nova cultura sobrepuja a anterior.

Existem, porém, alguns casos em que essa assimilação se conduz de forma mais lenta, e outros em que ela não chega a se concretizar em sua totalidade, dando margem ao aparecimento de um tipo especial de personalidade que apresenta características como a "instabilidade espiritual, intensificada autoconsciência, inquietação e mal-estar"[11]. Indivíduos com esse tipo de personalidade são comumente encontrados em grupos que se distinguem por seus traços raciais, como o negro e o japonês, por exemplo, que são denominados "híbridos raciais".

Já o judeu pode ser definido como um "híbrido cultural". Seu processo de aculturação acarreta, ainda segundo E. Stonequist, uma emancipação para o indivíduo:

> As energias que eram antigamente controladas pelo costume e pela tradição são libertadas, e o indivíduo emancipado invariavelmente se torna, num certo sentido e até certo grau, um cosmopolita. Ele aprende a olhar o mundo em que nasceu e se educou com alguma coisa de desprendimento de um estranho [...] Por isso ele não se liga, como os outros, aos costumes e convenções locais. Ele é também menos preconceituoso e mais objetivo. O judeu emancipado era, e é, histórica e tipicamente, o homem marginal, o primeiro cosmopolita e cidadão do mundo.[12]

Também para Sartre, a situação do judeu de "estrangeiro e intruso" na sociedade faz dele um tipo especial de indivíduo. Além de certas características como a "faculdade de assimilação e a inquietação social", o filósofo também se refere à capacidade crítica de ver a si mesmo e aos outros "por fora", como um objeto, o que estaria exemplificado na conhecida ironia judaica[13].

11. Ibidem, p. 26.
12. Ibidem, p. 20 e 24.
13. J.-P. Sartre, op. cit.

Todo processo aqui descrito pode ser aplicado também ao cristão-novo ou marrano. O cristão-novo judaizante, aquele que se vinculava ao judaísmo enquanto vestia a capa de cristão convicto, por motivos de sobrevivência, pode ser definido como outro exemplo típico de marginalizado, de homem que interage entre dois mundos antagônicos. Assim o define Anita Novinsky:

> O cristão-novo encontra-se num mundo ao qual não pertence. Não aceita o Catolicismo, não se integra no Judaísmo do qual está afastado há quase dez gerações. É considerado judeu pelos cristãos e cristão pelos judeus. [...] Põe em dúvida os valores da sociedade, os dogmas da religião católica e a moral que esta impõe. Internamente é um homem dividido, rompido que, para se equilibrar, se apoia no mito de honra que herdou da sociedade ibérica e que se reflete na frequência com que repete que "não trocaria todas as honras do mundo para deixar de ser cristão-novo".[14]

O homem marginal, pelas características acima expostas, constitui-se em uma presença frequentemente incômoda à sociedade. Seu desprendimento e postura crítica geram, muitas vezes, demonstrações de rancor e hostilidade que, aliados ao etnocentrismo, irão propiciar a formação de imagens estereotipadas e de mitos a seu respeito.

A Mitificação e a Diabolização

De acordo com Joshua Trachtenberg, o antissemitismo moderno ainda se alimenta, para suas elaborações, do mito do judeu criado na Idade Média: "A figura 'demoníaca' do judeu, menos que humana, na verdade, anti-humana, foi criada pela mente medieval e ainda domina a imaginação do povo."[15]

A ligação do judeu com a feitiçaria, a usura e a heresia, além de representar a encarnação do demônio e da figura

14. *Cristãos Novos na Bahia*, p. 162.
15. *The Devil and the Jews*, p. VIII.

do Anticristo, são todas criações medievais, baseadas no suposto deicídio por ele cometido e na sua não conformação aos dogmas da Igreja. Os mitos se espalharam pelo mundo cristão e persistiram por séculos, enraizados que estavam na cultura ocidental, a despeito de sua irracionalidade e carga de superstição.

Todas essas imagens se resumem a uma colocação maniqueísta do judeu como encarnação do mal, processo configurado de modo tão convincente que, ainda em nosso século, vestígios do velho mito medieval podem ser detectados:

um judeu chega a uma cidade do Canadá de língua francesa, e é observado, com curiosidade, por duas crianças que brincam na rua. "C'est un Juif", declara a mais velha e esperta, após breve consideração. "Mais non", protesta o outro em sua inocência, "ce n'est pas un Juif; c'est un homme"[16].

Em nome dessas imagens foram justificadas as cruzadas, a Inquisição, *pogroms* e grande número de restrições e perseguições movidas contra os judeus. "Mesmo quando a Igreja foi abandonando as ideias que ligavam o judeu a Satã, elas continuaram presentes na mente popular."[17]

A mesma recorrência às características não humanas e demoníacas da figura mítica do judeu tornou possível a elaboração e posterior repercussão de *Os Protocolos dos Sábios de Sião*, em que os judeus são acusados de serem os autores de uma conspiração diabólica para a dominação do mundo cristão. Também na época moderna, "muitos nazistas de segundo plano estavam convencidos de que os judeus participavam de uma trama internacional visando a reduzir a Alemanha à escravatura"[18].

A "superstição" moderna mostra-se, com efeito, mais devastadora que a medieval, pois pretende legitimar antigos mitos através de uma pretensa elaboração científica. É

16. Ibidem, p. VIII.
17. Ibidem, p. 217.
18. A. Rose, A Origem dos Preconceitos, em Unesco (org.), *Raça e Ciência II*, p. 178.

dessa forma que a criação do mito ariano, que se contrapôs à raça inferior semita, foi responsável pelo martírio e eliminação de milhões de seres humanos.

Todas as imagens preconceituosas sobre os judeus aqui mencionadas: sua ligação com a feitiçaria, o demonismo e certas atividades estereotipadas; sua culpa na crucificação de Cristo; sua pertença a uma raça inferior etc., foram detectadas na dramaturgia brasileira, em diferentes fases, conforme veremos nos capítulos subsequentes. A recorrência a esses mitos medievais colocam o drama e o teatro brasileiros em consonância com outros aspectos da cultura ocidental que foram analisados pelos diversos especialistas mencionados neste estudo.

PANORAMA DA PRESENÇA DO JUDEU
E DO CRISTÃO-NOVO NO BRASIL

A história dos judeus no Brasil se relaciona diretamente à sua presença, durante séculos, na Península Ibérica. Desse modo, quando milhares de judeus são expulsos da Espanha em 1492, eles partem para Portugal, onde uma política de tolerância era adotada por d. Manuel, o Venturoso. Logo após seu casamento com a filha dos reis católicos de Espanha, no entanto, o monarca se vê obrigado a executar uma das cláusulas de seu contrato matrimonial: a expulsão dos judeus residentes no país. Assim, em 1496, d. Manuel promulga uma lei que obrigava os judeus a saírem do país ou a converterem-se ao catolicismo, mas "recorreu a todos os meios para forçá-los a ficar, mais ou menos convertidos, nem que fosse apenas pela mera água do batismo"[1].

---

1. A.J. Saraiva, *A Inquisição Portuguesa*, p. 18.

Com esse procedimento, o rei de Portugal conseguiu uma conversão em massa, mas apenas de aparência, o que "lhe bastava para atingir o seu objetivo, que era, evidentemente, conservar os hebreus em Portugal sem faltar ao compromisso tomado com os Reis Católicos"[2].

Durante todo o seu governo, o monarca português manteve uma política que proibia a saída "dos judeus e seus capitais, bem como qualquer discriminação legal contra eles, ou inquirição acerca de seu procedimento religioso"[3].

Com a instalação da Inquisição em Portugal, em 1536, cujo motivo principal era a existência de muitos cristãos-novos que praticavam secretamente o judaísmo, tem início uma grande perseguição aos marranos, obrigando-os a fugir para o Brasil e "de maneira geral para a América Latina, em cuja economia tiveram inicialmente um papel relevante"[4].

Desse modo, a presença judaica no Brasil remonta à época de seu descobrimento. Esses judeus recém-convertidos participam inicialmente da exploração do pau-brasil e introduzem, tempos depois na colônia, o plantio da cana e a produção de açúcar. Em meados do século XVI, as atividades econômicas dos cristãos-novos, que também estavam envolvidos no comércio, importação e exportação, já eram bastante significativas no Brasil, principalmente no Nordeste, Pernambuco e Bahia, esta última o local escolhido pela Inquisição para sediar a Primeira Visitação do Santo Ofício ao Brasil[5].

A Primeira Visitação do Santo Ofício à Bahia ocorre entre os anos de 1591 e 1593. Em 1593-1595, é realizada uma Visitação em Pernambuco e, em 1618-1619, uma comissão volta à Bahia. As capitanias do Sul, São Paulo, Minas Gerais e Rio de Janeiro sofrem investigações do Santo Ofício no início do século XVIII.

2. Ibidem, p. 19.
3. Ibidem.
4. Ibidem, p. 24.
5. Brasil, em C. Roth (org.), *Enciclopédia Judaica*, t. I.

A perseguição aos cristãos-novos é ditada por fatores religiosos e econômico-sociais. No plano religioso, ela se justifica pela "configuração da ética católica e da doutrina da salvação"[6] e, no terreno econômico, as denúncias propiciam o confisco dos bens dos acusados que eram então disputados entre a Coroa e o clero, ocorrendo muitas vezes "desinteligências na partilha do saque dos cristãos-novos"[7]. Por esse motivo, afirma Anita Novinsky: "são principalmente esses homens pertencentes à média burguesia comercial que encontramos entre os presos pela Inquisição"[8] no Brasil.

Com a ocupação holandesa no Nordeste brasileiro – Recife, 1630 e 1654 – promovida pela Companhia das Índias Ocidentais, é adotada uma política de liberdade religiosa com relação aos judeus que vieram com os holandeses e, desse modo, muitos cristãos-novos que viviam no território ocupado puderam retornar livremente ao judaísmo. Mas, apesar da tolerância dos flamengos para com os judeus, se comparada com a dura discriminação imposta pelo Santo Ofício, aqueles ainda utilizavam "uma política de desconfiança e hostilidade, embora mais discreta"[9]. Cedo, surgiram duas congregações judaicas em Pernambuco: Zur Israel e Magen Abraham, o que provocou a adoção de medidas restritivas que proibiam aos judeus a edificação de novas sinagogas, o casamento com cristãos e outras, impostas aos comerciantes, que no exercício de sua atividade não poderiam "fraudar a ninguém". A concorrência no comércio representada pelos judeus deu margem, também, ao aparecimento de publicações antissemitas, redigidas em flamengo, que acusavam os judeus de "agravos aos cristãos comuns"[10].

6. A. Novinsky, Anti-semitismo e Ideologia, *O Estado de S. Paulo*, 5 nov. 1978.

7. A.J. Saraiva, op. cit., p. 52.

8. *Cristãos Novos na Bahia*, p. 61.

9. V. Chacon, Consciência Nacional e Judaísmo no Brasil, *Revista do IEB*, n. 10, p. 13.

10. H. Waetjen, apud V. Chacon, op. cit., p. 14-16.

As restrições flamengas aos judeus eram frutos mais de motivações econômico-sociais do que religiosas.

Com a derrota dos holandeses em 1654, os judeus que vieram com Nassau regressam, em sua maioria, à Holanda. Outros partem para as ilhas do Caribe, Curaçau e Barbados e alguns, ainda, se dirigem a Nova York, onde fundam a primeira comunidade judaica[11]. Enquanto isso, os cristãos--novos, que viviam fora do Brasil Holandês, permanecem sob a vigilância das leis inquisitoriais.

Durante o século XVIII, acentuam-se as perseguições aos cristãos-novos pelo Santo Ofício, e cerca de quinhentos indiciados brasileiros aparecem, então, nos processos de 1709, 1711 e 1713[12]. Nesses quase duzentos anos de ação da Inquisição no Brasil "foram denunciados cerca de 1871 cristãos-novos, acusados de práticas judaizantes, além de terem sido executados nos autos de fé, em Lisboa, dezoito marranos brasileiros, cujos processos encontram-se arquivados na Torre do Tombo."[13]

Em 1773, o Marquês de Pombal anula toda legislação discriminatória imposta pela Inquisição, ficando, assim, abolida a distinção entre cristãos-novos e velhos. Essa medida propicia, gradativamente, a integração do cristão--novo à sociedade brasileira, num processo que se configura, de modo pleno, no decorrer do século XIX.

A emigração judaica para o Brasil recomeça em 1808, juntamente com a vinda da família real portuguesa[14]. Não existe, porém, qualquer vinculação entre essa nova imigração e o elemento cristão-novo, aqui estabelecido no período colonial. Quando os primeiros imigrantes judeus chegam, com a Abertura dos Portos brasileiros, já havia desaparecido, ou pelo menos se atenuado o fenômeno cristão-novo.

Em 1810, é firmado um tratado de comércio e navegação entre Inglaterra e Portugal que estipulava, num dos artigos,

11. The Dutch and the Jews, *Encyclopedia Judaica*, p. 1322-1325 .
12. Ibidem.
13. A. Novinsky, *Mesa-Redonda: Cristãos-Novos: Três Séculos de Presença Judaica no Brasil Colônia*, Centro Cultural São Paulo, set. 1984.
14. E. Wolff; F. Wolff, *Judeus no Brasil Imperial*.

que os estrangeiros residentes nas possessões portuguesas não seriam perseguidos ou molestados por matéria de consciência. Era o estabelecimento do instituto da liberdade religiosa, de que tanto se beneficiariam os judeus como os não judeus[15].

Os mesmos princípios de tolerância religiosa são confirmados pela Constituição de 1824. Nessa época, começam a chegar judeus ingleses, alemães e franceses, em pequeno número, e é também esse período que pode ser considerado como o marco temporal do início da imigração de judeus sefaraditas, provenientes de Marrocos, que se radicaram no norte do país:

> Não se pode fixar uma data precisa da vinda dos primeiros elementos ao Brasil, porém, as sepulturas de Belém, Cametá e Santarém, nos permitem afirmar que por volta do ano de 1820 teríamos uma comunidade judaica organizada. Belém e, mais tarde, Manaus, será o núcleo que representará, na realidade, não uma, mas a soma de numerosas pequeninas comunidades atomizadas pela Amazônia [...]
> Os marroquinos localizaram-se, inicialmente, nas pequenas cidades do interior do Pará e do Amazonas, para onde os enviaram seus patrões, das casas aviadoras da capital. Encontramo-los em Almerim, Alenquer, Óbidos, Santarém, Itacoatiara, Tefé, Humaitá, Porto Velho, Aveiros, Abaetetuba, Cametá, trabalhando como empregados e caixeiros nos estabelecimentos comerciais de viamento; pilotando, vendendo e trocando mercadorias nos regatões – verdadeiros armazéns ambulantes sobre as águas; nos trapiches, cuidando dos negócios às margens dos afluentes que compõem a enorme rede aquática que corta a região.[16]

A partir de 1870, com o *boom* da borracha, intensifica-se essa imigração sefaradita ao Norte do Brasil, e muitos de seus integrantes abandonam as ocupações humildes do início do século e ascendem economicamente. Após 1915, com o declínio da extração da borracha, muitos judeus deixam as cidades do interior, concentrando-se em Belém e

---

15. C. Roth (org.), op. cit.
16. F. Kon, Da Melah aos Igarapés da Amazônia, *Revista Shalom*, p. 7-8.

Manaus, outros, se deslocam para o Sul, radicando-se no Rio de Janeiro e em São Paulo[17].

Essa imigração judaica, em fins do século XIX, é predominantemente de origem asquenazita – judeus oriundos da Europa Central e Oriental. Por volta de 1871, começam a chegar os judeus franceses, cultos e apresentando boa situação financeira, provenientes da Alsácia e da Lorena, que emigram devido à derrota da França na guerra de 1870-1871, quando essa região é anexada à Alemanha. É também do final do século XIX a imigração de judeus da Rússia e Bessarábia, motivada por perseguições religiosas e situação econômica aflitiva nos países de origem.

Outras levas emigratórias significativas surgem no início do século XX e no período entre guerras. As principais causas dessa emigração são os *pogroms* constantes na Rússia tsarista, principalmente, e os problemas econômicos provocados pela guerra de 1914, que se intensificam a partir da década de 1920. Essas levas trazem ao Brasil judeus de origem polonesa e lituana, predominantemente, entre os quais numerosos operários industriais que fundam no sul do país diversas tecelagens, e outros, que têm uma participação ativa no comércio. Em 1916, já temos instalado no Rio de Janeiro um comitê de socorro às vítimas de guerra e outras instituições culturais e beneficentes. Em São Paulo, a partir de 1915, estão organizadas sociedades assistenciais, culturais e educacionais[18].

É também do início do século XX a primeira corrente migratória organizada para o sul do país. A ICA (Jewish Colonization Association) adquire terras no Rio Grande do Sul para formar núcleos agrícolas que abrigassem os judeus da Europa Oriental, principalmente aqueles que viviam sob o domínio do Império tsarista, e que passavam por uma situação de extrema penúria econômica, além de sofrerem inúmeras perseguições. Em 1904, é fundada a Colônia

17. Ibidem, p. 10.
18. V.E. Lipiner, *A Nova Imigração Judaica no Brasil*, p. 118s.

Philippson, na região de Santa Maria, e, em 1911, a Colônia Quatro Irmãos, na região de Passo Fundo, Rio Grande do Sul. Dificuldades econômicas e políticas, no entanto, levam ao malogro esses projetos agrícolas. Em Philippson, as constantes mudanças de administração, aliadas ao desconhecimento de agricultura e aos poucos recursos financeiros dos colonos, além de certa improdutividade da terra, induzem a maioria dos imigrantes a abandonar o local, dirigindo-se às cidades vizinhas e, posteriormente, a Porto Alegre, onde se dedicam ao pequeno comércio. Em 1926, a ICA informava que "das 122 famílias instaladas em Philippson em vários períodos, somente 17 continuavam no local, sendo que apenas 3 lavravam sua terra, enquanto as outras a arrendavam ou empregavam trabalho contratado"[19]. Quanto à Colônia Quatro Irmãos, além de problemas similares aos enfrentados pela Colônia Philippson, a situação dos colonos se agrava, especialmente devido às lutas civis no Rio Grande do Sul, em 1923, quando batalhas são travadas em terras da Colônia, ocasionando várias mortes e saques[20]. "Por volta de 1926, restavam 40 famílias, das quais 16 viviam de sua própria terra e 24 moravam no povoado de Quatro Irmãos; outros 10 colonos viviam fora da Colônia."[21]

A despeito das dificuldades que enfrenta, a ICA decide-se por uma última iniciativa agrícola em 1935, dessa vez em Resende, no Rio de Janeiro, e com o intuito de abrigar refugiados judeus da Alemanha nazista. Essa tentativa também fracassa, ditada mais por motivos políticos: as restrições

19. Relatório enviado pela administração da Colônia à sede da ICA em Paris, em 1926. Acervo: Arquivo Histórico Judaico Brasileiro. Agradecemos a Dora Ruhman e Guita Stern pela inestimável colaboração prestada.

20. Um relatório da administração de Quatro Irmãos menciona a revolução de 1923: "Infelizmente, em 1923, aconteceram problemas políticos no país, dos quais os mais graves acontecimentos se desenrolaram em nossas terras. As tropas revolucionárias tiveram combates decisivos contra as tropas do governo nas planícies de Quatro Irmãos. Estávamos, desse modo, em plena guerra..." Acervo: Arquivo Histórico Judaico Brasileiro.

21. Relatório enviado pela administração da Colônia à sede da ICA em Paris, em 1926. Acervo: Arquivo Histórico Judaico Brasileiro.

impostas pela ditadura de Vargas à entrada de imigrantes judeus no Brasil. A partir de 1930, só eram concedidos vistos de entrada aos imigrantes que tivessem parentes próximos residindo no Brasil. Em 1937, uma nova lei estabelecia que só seriam admitidos imigrantes

mediante prova, emanada de estabelecimento bancário, de possuírem os candidatos no mínimo, 12.000 dólares.

Em junho daquele ano, uma circular reservada, enviada aos Consulados Brasileiros, recomendou que se negasse o visto aos judeus. Em 1939, passava a vigorar novo sistema de cotas imigratórias: para cada nacionalidade só poderiam entrar no país, a cada ano, 2% do total dos imigrantes da mesma origem que no período anterior, ou seja, de 1884 a 1932. Em 1940, por interferência do Vaticano, foi permitida a entrada de 3000 judeus alemães, convertidos ao catolicismo[22].

Desse modo, durante a Segunda Guerra Mundial, a entrada de imigrantes judeus no Brasil ficou bastante reduzida. Só a partir de 1946, com uma revisão da política imigratória brasileira estabelecida pela nova Constituição, tem continuidade o afluxo desses imigrantes, que procedem, em sua maioria, dos países da Europa Oriental e Central. No final da década de 1950, tem início a grande imigração dos judeus sefaraditas, principalmente do Egito e Síria, em virtude da ascensão do nacionalismo árabe no Egito e dos conflitos políticos entre Israel e seus vizinhos árabes. Os dois maiores polos de concentração da coletividade judaica no Brasil estão, atualmente, nas cidades de São Paulo – 51 mil pessoas – e no Rio de Janeiro – 24.500 mil pessoas – onde uma comunidade organizada se integra em todos os níveis à sociedade brasileira[23].

22. C. Roth (org.), op. cit.
23. Segundo a CONIB, com dados do censo do IBGE de 2010, a população judaica no Brasil é de 107 mil e as populações judaicas das principais cidades são: São Paulo: 51.000; Rio de Janeiro: 24.500; e Porto Alegre: 6.700.

OS PERFIS DO JUDEU
NO TEATRO BRASILEIRO

Perfil Religioso:
Os Judeus e o Deicídio

Estamos hoje conscientes de que,
no decorrer de muitos e muitos séculos,
nossos olhos se achavam tão cegos
que já não éramos capazes ainda de ver
a beleza de vosso povo eleito,
nem de reconhecer nas faces
os traços de nossos irmãos privilegiados.
Compreendemos que o sinal de Caim esteja
escrito em nossa fronte.
No curso dos séculos estava nosso irmão
deitado, ensanguentado e em prantos,
por causa de nossa falta,
porque havíamos esquecido o vosso amor.

Perdoai-nos a maldição
que injustamente tínhamos atribuído

ao nome de judeus.
Perdoai-nos por vos havermos uma segunda vez
crucificado neles, em sua carne,
porque não sabíamos o que fazíamos.

JOÃO XXIII[1]

A maior parte dos textos utilizados para a confecção do perfil religioso da personagem judia tem como tema a vida, paixão e morte de Jesus Cristo e abrangem um amplo período, de 1844 a 1981. O material coletado inclui ainda dramatizações do *Novo Testamento*, episódios calcados no advento do cristianismo, principalmente a vida de santos. Os textos que têm por base passagens do *Antigo Testamento* serão objetos de nossa análise no capítulo 4, "A Formação da Máscara Teatral", pois apresentam relação direta com os movimentos estéticos do romantismo e do realismo e com o teatro moderno a que estão vinculados.

O material trabalhado compreende alguns textos reconhecidos por suas qualidades artísticas, além de uma ampla dramaturgia de maior penetração popular e menor valor estético, composta de peças circenses, e outras bastante tradicionais, como, por exemplo, *O Mártir do Calvário*, de Eduardo Garrido. Escrita na virada do século XIX para o XX e comprovadamente a peça mais encenada no Brasil por ocasião da semana santa, o texto dramático consta de várias histórias do teatro brasileiro por causa de sua popularidade, apesar de o autor ser português. Em suma, esses dois tipos de dramaturgia, uma mais reconhecida esteticamente e outra mais popular por sua penetração, irão compor duas visões antagônicas da personagem judia.

O perfil religioso da personagem é um dos mais elaborados pela dramaturgia brasileira, por isso ele cria algumas

---

1. Publicado em português na REB (*Revista Eclesiástica Brasileira*), v. 26, n. 104, p. 995. Esse texto é atribuído a João XXIII, embora Murray K. Watson conteste a autoria no artigo "The 'Johannine Prayer' that Never Really Was", *Studies in Christian-Jewish Relations*, v. 6, n. 1, 2011. Disponível em: <http://ejournals.bc.edu/ojs/index.php/scjr/article/view/1580/1432>.

simbolizações fundamentais que serão utilizadas para a composição dos outros perfis. A simbolização religiosa relativa à figura de Judas, por exemplo, vai ser reutilizada quando da concretização da imagem econômica do judeu. Segundo Loewenstein:

a concepção teológica cristã do "judeu", tal como se elaborou aos poucos durante os primeiros séculos do cristianismo, é identificação do povo judeu com duas personagens da *Bíblia*: Caim e Judas. Caim, o assassino de seu irmão, e Judas, o traidor que vendeu Cristo por dinheiro. A pretendida venalidade de Judas não é provavelmente estranha ao papel que o mundo cristão da Idade Média fez os judeus representarem: o de usurário[2].

Desse modo, a imagem religiosa da personagem concebida pelo teatro brasileiro tem papel preponderante em todos os períodos analisados, sendo a que fornece os estereótipos mais negativos e duradouros.

Inicialmente, analisaremos as peças de menor envergadura estética, e que apresentam deturpações históricas e teológicas consideráveis, por ser o grosso de nosso material, cerca de 80% da exemplificação coletada, e por fornecerem diversos conceitos generalizadores para a caracterização da personagem.

A primeira dessas generalizações diz respeito ao deicídio cometido pelos judeus. A imagem é retomada com assiduidade até hoje, apesar de oficialmente condenada pela Igreja Católica desde o Concílio Vaticano II[3].

O papel representado pelos judeus no drama da crucificação apresenta dois matizes: eles aparecem como coautores

---

2. R. Loewenstein, *Psicanálise do Anti-semitismo*, p. 38.

3. O Concílio Ecumênico Vaticano II convocado pelo papa João XXIII, em 1962, com o intuito de renovar a Igreja Católica, promulgou o documento *Nostra Aetate*, que trata do relacionamento entre a Igreja e religiões não cristãs. A quarta parte do documento, intitulada "De Religione Judaica", procura eliminar do ensino cristão certas fórmulas que favoreceriam o antissemitismo. Seu texto foi definitivamente aprovado em 1965, após inúmeros debates e reformulações. Cf. H. Porto, *Os Protocolos do Concílio Vaticano II: Sobre os Judeus*.

do crime junto com os romanos e também como os únicos responsáveis pelo deicídio. As peças que se enquadram no primeiro caso colocam inicialmente os judeus sob um jugo bastante severo de Roma, mas com respeito ao destino de Cristo, ambos encontram-se em pé de igualdade para a tomada de decisões. Nesse caso, porém, são os judeus que convencem os romanos da necessidade do ato:

PILATOS: Condenei-o por causa de um povo maldito.
CENTURIÃO (*lastima-se a Pilatos*): Que terrível missão.

(Olindo Corleto, *A Túnica Sagrada*)*

Ou então, logo após a afirmação de que Jesus foi "açoitado pelo povo":

PAULO: Mas, aquele bando de usurários ainda não estavam contentes, queriam ver o Nazareno condenado à morte [...] e obrigaram Pilatos a condená-lo.

(Pedro João Spina, *O Manto de Cristo*)

Já no segundo caso analisado, os judeus aparecem como únicos responsáveis pelo deicídio, na medida em que a omissão de Pilatos teria sido forçada. No exemplo a seguir, pode-se notar a intensidade da revolta de Pilatos contra o povo que o obrigou a realizar um ato indigno:

PILATOS (*dirigindo-se a Anás e Caifás*):
    Oh! príncipes da vingança
    do ódio e da traição.
    Homens sem coração,
    onde nem a dor siquer [sequer], alcança.
    Vosso desejo foi satisfeito.
    O que mais temeis?
    [...]
    Retirai-vos já, daqui

---

* Os textos dramáticos citados nesta obra foram atualizados ortograficamente e receberam uma pontuação segundo as regras, o que nem sempre era o caso do original (N. da E.).

cães malditos,
presas do ódio e do rancor.

(Luís Peixoto, *A Paixão*)

De acordo com diversos textos analisados[4], Pilatos foi obrigado a condenar Jesus devido à forte pressão exercida pelos sacerdotes e pelo povo. Então, vencido pela massa poderosa e forçado a tomar medidas com as quais não concordava, ele descarrega seu ódio contra os judeus, através de ameaças e maldições, ao mesmo tempo que se omite de toda a responsabilidade ao "lavar as mãos":

PILATOS: Basta! Estais agora satisfeitos?
Não vos doeu a alma em martirizardes um inocente? (*mostrando Jesus ao povo*)
Eis o homem! Chacais!... Em condenar Jesus eu lavo as mãos...
Crucificai-o! Crucificai-o se ainda o desejais!...
Mas lembrem-se: Vós ficareis perpetuamente com a mancha de sangue de Jesus! Judeus!... Sereis escorraçados por todos!
Não tereis uma porta amiga!
Raça amaldiçoada!...
A maldição cairá sobre vós e vossos filhos!...
Não tereis um só minuto de descanso.
Sereis marcados com o ferrote da vileza e da maldade! Raça maldita!...
Matais hoje um justo, mas seu sangue viverá por gerações e como estigma do que acabais de fazer vereis em cada porta de um lar judeu, uma cruz de sangue!...
Tereis em vossas vidas espinhos como os que cravastes na fronte de Jesus!...
Povo assassino!.. Assassinos!

(Celestino Cinelli, *A Vida de Jesus*)

Esse tipo de enfoque, também presente nas peças *O Mártir do Calvário*, de Eduardo Garrido, e *Maria Madalena*,

---

4. E. Garrido, *Mártir do Calvário*; B. Cepelos, Maria Madalena, *Revista de Teatro* – SBAT, n. 304; P.J. Spina, *O Manto de Cristo*; J.P. Costa, *Jesus de Nazaré*; O. Corleto, *A Túnica Sagrada*; A. Greban, A Paixão, *Revista de Teatro* – SBAT, n. 279; C. Cinelli, *A Vida de Jesus*.

de Batista Cepelos, entre outras, deixa patente não apenas a isenção de Pilatos na morte de Cristo, mas a dos próprios centuriões romanos, que, encarregados da crucificação, o fazem a contragosto, obedecendo a ordens superiores não claramente detectáveis.

Quando o centurião romano se lastima de sua "terrível missão", é aconselhado por Pilatos:

> – Firma teu pensamento em Deus e ele te dará forças.

(Olindo Corleto, *A Túnica Sagrada*)

Como no desfecho desses textos é grande o remorso romano, surge outro conceito generalizador, que funciona como válvula de escape para todo o rancor acumulado pelos romanos contra os judeus – é a maldição do judeu errante:

> A lenda do judeu errante é antiquíssima. Talvez o berço esteja na Índia. No século XIII já se contava na Armênia e o judeu errante caminhava pelo mundo sob diversos nomes até que no século XVII (1602) uma narrativa alemã firma-lhe o nome em Ahasvero. A origem talvez se encontre na maldição lançada por Deus a Caim: "E Caim, afastando-se da face do Senhor, andou errante sobre a face da terra, e habitou no país que está ao nascente do Éden" (*Gênesis* 4,16).
>
> Mas se essa e outras insinuações bíblicas servem de base, a lenda como passou para a cultura popular terá nascido mesmo da imaginação. E resume-se nisto: caminhando Cristo para o Calvário, parou à porta de um sapateiro, Ahasvero, para descansar. Gritou-lhe Ahasvero que caminhasse. Cristo o amaldiçoou com a longa caminhada pelo mundo até o fim dos tempos. Quando termina o século, Ahasvero volta à idade que tinha quando foi amaldiçoado. Não poderá morrer. Corre o mundo com cinco moedas no bolso. Desaparecida a última, dadas todas como esmola, retorna a possuir outras cinco. Assim até o dia do juízo final.[5]

Na literatura brasileira, a personagem é bastante comum ao período romântico, aparecendo nos poemas: "O

5. H. Lopes, "Ahasvero, Tema Literário", *Letras de Minas e Outros Ensaios*, p. 309-310

Renegado/Canção do Judeu", de Junqueira Freire; "Ahasverus e o Gênio", de Castro Alves; "Palavras de um Louco" e "Desengano", de Fagundes Varela. A identificação do judeu errante com o poeta

pode aliar-se à ideia bastante generalizada então de que todo poeta era infeliz e com o destino de vagar ao desabrigo [...] O ser incompreendido, rechaçado pela sociedade, o eterno proscrito, predestinado, no entanto, por Deus, como seu vate para dizer as grandes verdades ao mundo e revelar ao homem o destino a que esta fadado[6].

Vejamos um exemplo:

Tenho de andar sem descanso como o Hebreu da tradição!...
Buscar das selvas o abrigo,
A sombra que a paz aninha,
E ouvir a selva bradar-me:
Ergue-te, doudo, e caminha!
Caminha! – dizer-me o monte!
Caminha! – dizer-me o prado.
Oh! mais não posso! – Caminha!
Responde-me o descampado!
Ah! Não me fales da glória,
Não me fales da esperança,
Eu bem sei que são mentiras
Que se dissipam crianças!

(Fagundes Varela, "Desengano")

Essa noção de marginalidade, presente na identificação judeu errante/poeta romântico, não é a mesma encontrada na dramaturgia que narra o martírio de Cristo. Nesse caso, a identificação de Ahasvero, ou Ahasverus, grafia mais consagrada, se faz com a totalidade do povo judeu, que com ele é condenada à maldição eterna. Assim, o judeu errante personifica todo um povo que deverá vagar pelo mundo, sem pátria, até o final dos tempos. Além de uma justificação teológica para sentimentos de aversão e preconceito, a

---

6. Ibidem, p. 312.

lenda do judeu errante teria servido também como justificativa política para expurgos contra judeus, verificados na Europa a partir do século XIII. Esse aspecto será desenvolvido quando da análise do perfil político da personagem. Nos textos mencionados, a maldição do judeu errante funciona como um castigo a ser imputado aos assassinos de Cristo e ora ela é lançada por Pilatos, ora pelo próprio Cristo, como nos exemplos que se seguem, oriundos do mesmo texto, *O Mártir do Calvário*, de Eduardo Garrido.

JESUS (*depois de lançar um olhar terrível a Samuel*):
> Pois que me negas, cruel, o que ninguém negaria, – nunca mais noite nem dia descanso terás, Samuel!
> Folha pelo vento impelida num vendaval permanente, caminhando eternamente, vais viver eterna vida!
> As eras verás passar, o tempo verás correr, impérios verás morrer... e tu sempre a caminhar! – E pois deve nesse instante começar, por ordem minha, o teu castigo,
> Caminha!... caminha judeu errante!

PILATOS: [...] Povo sem alma! Raça viperina: castigo impondo aos maus instintos teus, n'um raio mande a cólera divina perpétua maldição sobre os judeus!
> Que o mundo inteiro te declare guerra, povo de feras bárbaro e cruel! Condenados a errar de terra em terra, não tenham pátria os filhos d'Israel! E que para memória do inocente que vai morrer na cruz, as faces te salpique eternamente o sangue de Jesus!

A identificação da personagem com a figura mítica de Ahasvero implica numa concepção maniqueísta que reduz o judaísmo a uma encarnação do mal, na medida em que não são aceitos os ensinamentos de Cristo que correspondem à verdade única e indiscutível. A peça de Batista Cepelos, *Maria Madalena*, exemplifica essa imagem ao colocar a seguinte gradação linguística: o povo é uma personagem apenas incrédula e que finalmente se converte ao cristianismo; os fariseus são aqueles que colocam em xeque os ensinamentos de Cristo; e os judeus são as personagens responsáveis por sua tortura e crucificação.

Já na peça *Jesus de Nazaré: Rei dos Judeus*, de José Pires Costa, S. João Batista tenta converter os judeus com as seguintes afirmações:

– Se o povo da Judeia não for um povo cristão, Deus mandará sobre eles o castigo.

E, logo a seguir:

– Havemos de conduzir a humanidade ao caminho Santo. Havemos de pregar por todos os cantos da terra a doutrina cristã, para a salvação do mundo. Havemos de mostrar aos judeus o seu erro [...]

Dessa forma, fica legitimada a generalização que prega a supremacia da religião cristã sobre a religião judaica. A superioridade do cristianismo fica patente, pois de acordo com a peça de João Teixeira Álvares, *Jesus, O Cego e a Leprosa*, "Jesus é o profeta que irá aperfeiçoar a religião judaica nos moldes mais sublimes". Esse aperfeiçoamento refere-se, principalmente, à misericórdia cristã, traço supremo do cristianismo e que não estaria presente no judaísmo, assim:

JESIEL: Nossa concepção de justiça é fruto de um labor milenário mas hoje sentimos que existe algo de mais elevado, acima de todas essas coisas. Temos o cárcere para os que transviam, o vale dos imundos para os doentes de lepra, a lapidação na praça pública para a mulher que fraqueja – mas bastará isso? As lições do passado não estão cheias de misericórdia. Onde está a misericórdia de Israel?

(José Fraga, *Paulo de Tarso*)

Ainda fruto dessa concepção maniqueísta surge outra característica comum aos textos mais preconceituosos: a imutabilidade da personagem judia. Todas as personagens sofrem transformações – os romanos passam de ateus a ardorosos cristãos –, os judeus, porém, permanecem imutáveis. As caracterizações negativas que os descrevem como carrascos e maus persistem por séculos, formando uma imagem fixa – a máscara religiosa da personagem.

Fixada a máscara, é necessário que ela se torne convincente e, para dar-lhe concretude, a dramaturgia assinalada a une a uma figura que personifica o judaísmo, um representante do povo judeu que sintetiza todos os estereótipos negativos mencionados: Judas, o judeu.

Da rica caracterização negativa de Judas sobressai um traço comum a todos os textos analisados – a traição – e que será muitas vezes estendido aos judeus de modo geral. Essa relação é estabelecida não apenas em peças com temática religiosa, mas em algumas comédias de costume do século XIX, como em *O Usurário*, de Martins Pena, por exemplo:

ESTUDANTE CLEMENTE (*referindo-se ao agiota Daniel*): Oh, esses usurários, almas danadas do inferno, venderiam o Cristo como Judas, por trinta dinheiros.

Também, na maior parte dessas peças, Judas é concebido como uma personagem sem caráter, fortemente apegada ao dinheiro, que é, em última instância, o móvel de sua ação.

Em *O Mártir do Calvário*, de Eduardo Garrido, por exemplo, a personagem não se esquece de conferir as moedas recebidas em pagamento por sua traição.

Já na peça *Jesus*, de Menotti del Picchia, o móvel da ação da personagem teria sido um sentimento de revolta provocado pelos inúmeros sucessos de Cristo. Judas, então, inferiorizado, o teria delatado num momento de fraqueza.

Em *Judas no Tribunal*, de Godofredo Tinoco, e *Jesus de Nazaré: Rei dos Judeus*, de José Pires Costa, Judas planeja a prisão de Cristo, entregando-o aos romanos por ciúmes de Maria Madalena, que estaria apaixonada por seu rival.

Em *Jesus-Homem*, de Plínio Marcos, Judas é um revolucionário judeu que, como Jesus, pretende libertar seu povo da opressão romana. Judas discorda dos métodos utilizados por Cristo, pois é mais radical e prega a luta armada contra os invasores. Sua delação é uma estratégia para que o povo se una e lute pela libertação de Cristo, em primeira instância e, em seguida, contra Roma.

No entanto, independentemente de qual tenha sido o móvel da ação de Judas, ele é sempre designado judeu, ao contrário de Cristo, muitas vezes definido como não judeu.

Cristo, seus familiares, apóstolos e seguidores apresentam, em diversos textos, uma característica bem definida – o nascer cristão. Em *A Vida de Jesus*, de Celestino Cinelli, as pessoas que assistem ao nascimento do "Messias", todas "da estirpe de David", como assinala o texto, cantam "Noite Feliz" e rezam "Salve Maria: cheia de graça; o senhor é convosco, bendito o fruto de vosso ventre: Jesus…"

A seguir, na cena da Santa Ceia, o autor nos informa que se ouve ao fundo a "Ave-Maria". Já no texto *A Túnica Sagrada*, de Olindo Corleto, que se inicia com uma condenação ao "povo inclemente" que forçou Pilatos "a condenar um inocente", Cristo é chamado pelas outras personagens de "Jesus Cristus", para que não haja nenhuma dúvida sobre seu nascer cristão. Outra peça que reforça essa concepção é *A Família Sagrada ou Nascimento de Cristo*, de Hilário de Almeida e Benjamin de Oliveira, pois narra episódios anteriores e o próprio nascimento de Cristo sem fazer qualquer menção a judeus ou ao judaísmo.

Também os apóstolos de Cristo participam desse milagre ao reforçar atitudes preconceituosas de determinados autores. A peça *A Paixão*, de Luís Peixoto, traça uma nítida separação entre os apóstolos – todos cristãos – e o povo que habitava a cidade de Jerusalém:

PEDRO (*a Jesus*): Não aconselha a prudência esse local visitardes:
Lembrai-vos que dos judeus é a cidade a vossa grande inimiga…

Esse mesmo enfoque pode ser observado em *Maria Madalena*, de Baptista Cepelos:

JOÃO: Mas, estamos cercados de traidores.
PEDRO: Este povo é como um chão de areais:
E podem ressequir na terra avara
As sementes do bem, que tu semeias…

Depois:

JOÃO: Mestre, Jerusalém é horrenda e agreste!
Deixemo-la e esta gente sem piedade pereça, dizimada pela peste.

Todas essas deturpações não podem ser creditadas apenas às tendências antissemitas de seus autores, pois certas afirmações, de tão ingênuas, seriam mais precisamente justificáveis devido a um total desconhecimento histórico e cultural. A ausência de informações leva determinados dramaturgos à utilização de estereótipos e clichês milenares, transmitidos sem que se insinue qualquer atitude elaborada, embora certamente hostil.

Um exemplo é a peça *Rabi da Galileia*, de José A. Vales, na qual os judeus são chamados de "galileus" e acreditam em um "Deus da Guerra" que apresenta, como o próprio nome sugere, características bastante negativas:

BANI: Mas temos que crer no Deus da Guerra.
RUTH: Tanta crença tenho eu pelo Deus da Guerra, mas não adianta nada.

Ou, então, o drama de Pedro João Spina, *O Manto de Cristo*, que por apresentar tantas incorreções faz com que o texto mais se aproxime de uma comédia. Algumas festas judaicas são mencionadas incorretamente e as personagens judias ora são cristãs, ora são beduínas, ora judias mesmo:

SOLDADO ROMANO: aproxima-se a festa dos cristãos, senhor. Todos os anos comemoram a semana da Páscoa, em lembrança de sua fuga para o Egito. Isso faz uns 15 anos.

Várias peças, porém, fogem a essas imagens simplistas e padronizadas e trabalham o tema mediante colocações mais elaboradas tanto estética quanto historicamente. É o caso de *Jesus-Homem*, de Plínio Marcos, que trata o tema da crucificação através de um enfoque político, semelhante ao adotado pelo texto *Barrabás, o Enjeitado*, de Alexandre

Memo e Wanderley Martini[7]. Jesus e seus apóstolos tentam motivar o povo judeu a se insurgir contra o poder de Roma:

JESUS (*aos Sacerdotes*): Escutem sacerdotes, doutores das leis e ricos. Eu não vim mudar a lei [...]
JUDAS: Vê, Pedro, a reação do povo. (*Para o povo.*) Meu povo escute. É Judas Iscariotes quem está falando. Quem entre vocês está contente com a vida que está levando?
JUDAS: Precisamos levantar o povo em sua defesa, Jesus.

(Plínio Marcos, *Jesus-Homem*)

BARRABÁS: Não podemos continuar em Cafarnaum, discutindo com o Rabi Joshua os eternos temas da pureza e da paz. Consuma-se a preparação da luta... Nossos amigos esperam em Jerusalém.

(Alexandre Memo; Wanderley Martins, *Barrabás, o Enjeitado*)

Godofredo Tinoco, autor de *Judas no Tribunal*, faz referência ao escritor Scholem Asch como uma das fontes de sua pesquisa – o que explicaria, em parte, a ausência de personagens e colocações estereotipadas em seu texto.

Já em *Jesus*, de Menotti del Picchia, e *Três Tragédias à Sombra da Cruz: Jesus, Judas e Barrabás*, de Otávio de Faria, apesar dos evidentes méritos literários dos textos, pode-se observar a manutenção de certas imagens padronizadas e estabelecidas pela tradição cristã com relação aos fatos narrados. O Judas de Otávio de Faria é o tesoureiro dos Apóstolos e nutre uma preocupação bastante acentuada pelo dinheiro:

JUDAS (*com indignação*): Sabes quanto valia esse bálsamo que Maria despejou nos pés do Mestre como se fosse água pura, enchendo toda a casa de Simão, o leproso, do seu perfume? ...
– Trezentos dinheiros! Trezentos dinheiros.

A personagem Pilatos, de Menotti del Picchia, é a porta-voz no texto de estereótipos negativos que associam

7. O drama *Barrabás, o Enjeitado* é uma adaptação do romance homônimo de Herculano Pires.

a traição de Judas ao comportamento do povo judeu, como no excerto abaixo:

PILATOS: Denunciar... Palavra bem judaica. Outra coisa, talvez, não façais na existência:
Denunciar...
PILATOS (a Anás): [...] Teus covardes judeus? [...] Vai-te. Estes judeus são falsos.

Ainda com relação a textos que se caracterizam pela ausência de clichês milenares e que apresentam maiores qualidades estéticas, podemos enumerar: *História de Jesus*, de Otávia Maia de Freitas; *A Dádiva, O Sermão da Montanha, O Bom Samaritano* e *O Filho Pródigo*, de Tatiana Belinky; *Sigamos a Estrela*, de Lúcia Benedetti; *A Estrela* e *Cena de Natal*, de Renata Pallotini; *Autos de Natal*, de D. Marcos Barbosa (14 peças curtas); *A Pastoral*, de Coelho Netto, e *Jesus*, de Goulart de Andrade. No drama sacro de Otávia M. de Freitas, por exemplo, Maria, mãe de Jesus, é apresentada como judia pela autora: "(*Maria reza à moda dos judeus*)". Pilatos, ao lavar as mãos, é chamado de "covarde", enquanto a responsabilidade pelo açoitamento e crucificação de Cristo é atribuída aos romanos.

Com base nos textos analisados conclui-se que o teatro brasileiro apresenta dois perfis da personagem com relação ao aspecto religioso. O primeiro deles descreve o deicídio cometido pelos judeus: a traição de Judas – figura que personifica o judaísmo; a omissão forçada de Pilatos; Cristo é definido como não judeu e a religião judaica é inferior quando comparada ao cristianismo. Esse ponto de vista é bastante duradouro, do final do século XIX até a segunda metade do século XX, e compreende a maior parte dos textos coletados, em sua maioria de poucos méritos literários e intensa penetração popular, com encenações em circos e espetáculos públicos realizados durante a Semana Santa.

O segundo perfil aparece principalmente a partir da década de 1950 em peças de maior valor artístico que as precedentes. Nelas, os judeus são considerados inocentes da morte de Cristo; não são maus por uma tendência inata, apenas querem se manter fiéis a seu Deus e suas tradições; e Jesus e seus familiares são descritos como pertencentes ao povo judeu.

A escolha desses dois tipos de dramaturgia evidencia que o drama popular tende a manter e a reforçar as imagens mais preconceituosas sobre a personagem judia. O dramaturgo, nesse caso, captaria as preferências das camadas sociais mais incultas, onde se verifica uma incidência maior de preconceito do tipo teológico – um preconceito que implica em aceitação passiva de estereótipos e mitos milenares. Confirmando essa hipótese, Vamireh Chacon, em seu estudo intitulado "Consciência Nacional e Judaísmo no Brasil", afirma:

> Constatamos também por exemplo, no Juazeiro do Norte, sertão cearense, berço e centro de romarias do famoso Padre Cícero, como prossegue intenso o antissemitismo teológico ou religioso, por culpa principal do modo como é ensinado o Evangelho, demonstrando a urgência da Igreja Católica em reformular sua Catequese, conforme aliás se compreendeu no Concílio Vaticano II, levando-o a firmes declarações antissemitas.[8]

Desse modo, apesar das mudanças na catequese propostas pela Igreja a partir da década de 1960, certas colocações do ensino religioso para a infância permanecem como uma das principais causas de alimentação e manutenção de preconceito, explicando também a boa acolhida da peça *O Mártir do Calvário*, de Eduardo Garrido, encenada hoje com a mesma assiduidade que no início do século XX[9].

---

8. Consciência Nacional e Judaísmo no Brasil, *Revista do IEB*, n. 10, p. 23.

9. O depoimento pessoal de I. Deutscher mostra que essa realidade não é apenas brasileira – o modo como é ensinado o Evangelho nas escolas cristãs permanece permeado de insinuações e imagens preconceituosas: "A nós, meninos judeus, permitia-se – na verdade, esperava-se – que deixássemos a sala quando o padre entrava para a aula diária de catecismo. Embora raramente sentíssemos qualquer antissemitismo consciente da parte de nossos colegas, depois dessas aulas frequentemente verificava--se certa tensão entre os meninos cristãos e os que ficaram fora da sala. Éramos levados, de algum modo, a sentirmo-nos culpados pelo drama da crucificação." *O Judeu Não Judeu e Outros Ensaios*, p. 16-17.

Perfil Econômico-Social:
O Judeu e Seus Papéis Sociais Específicos: Do Agiota ao
Banqueiro

> *A maldição religiosa original redobrou-se bem*
> *cedo com uma maldição econômica e foi sobre-*
> *tudo esta que persistiu [...] Daí não constitui*
> *exagero afirmar que foram os cristãos que cria-*
> *ram o judeu, provocando uma brusca parada de*
> *sua assimilação e provendo-o, contra sua von-*
> *tade, de uma função em que depois primou.*

JEAN-PAUL SARTRE[10]

O perfil econômico-social do judeu no teatro brasileiro caracteriza-se pela identificação da personagem judia com certas atividades e ofícios; alguns específicos de determinadas épocas, outras detectáveis em diversos momentos históricos.

A relação estabelecida entre a personagem e a figura do prestamista, em sua concepção de usurário, por exemplo, é bastante duradoura. Tem início no século XIX (*O Usurário*, de Martins Pena, 1846) e estende-se pelo século XX (*O Preço do Beijo*, de J. Maia, 1964).

Essa figura do judeu-agiota, retratada em várias fases da dramaturgia brasileira, baseia-se num mito originário da Idade Média, pois até o início de nossa era os judeus eram tradicionalmente agricultores e artesãos. O abandono das atividades agrícolas remonta à destruição de Jerusalém pelos romanos, em 70 E.C., quando se inicia "a dispersão final dos judeus para fora da região que habitavam enquanto judeu há dois mil anos e onde alguns de seus ancestrais tinham vivido antes, durante um número incalculável de milênios"[11]. A dispersão foi um movimento de longa duração que se estendeu até o século VI e que levou os judeus a

---

10. *Reflexões Sobre a Questão Judaica.*
11. H.L. Shapiro, O Povo da Terra Prometida, em Unesco (org.), *Raça e Ciência I*, p. 148.

50

se estabelecerem "em quase todos os países civilizados, da Mesopotâmia ao Atlântico"[12]. No século IV, começa a ser introduzida pelos imperadores romanos cristãos uma legislação restritiva que se põe a cercear aos judeus o direito de possuir terras, servir no exército, entre outras coisas, que vai progressivamente diminuindo suas opções de sobrevivência, na medida em que limita o número de ocupações que podem exercer. Quando a Igreja proíbe aos cristãos as ocupações condenadas pelo *Antigo Testamento*, como o empréstimo e a usura,

os Rabinos da Idade Média decidiram que o empréstimo aos gentios devia ser considerado como autorizado pela Lei. Assim, os judeus puderam sobreviver economicamente. [...] Muito cedo, os judeus foram suplantados pelos usurários cristãos, os lombardos principalmente, mas já se havia criado o mito. [...] Desde então, e até hoje a palavra "judeu" se aplica a todo traficante de dinheiro, e o usurário cristão era também alcunhado na Idade Média de "cristão-judeu"[13].

A consequência desse longo processo histórico é que ele provocou uma identificação do judeu com o empréstimo extorsivo e, a partir de então, judeu e agiota passaram a ser sinônimos.

Desse modo, a usura, tal como concebida por Martins Pena, França Jr. e outros, se liga espontaneamente à personagem judia, devido à sua "inclinação inata" para o exercício da mencionada atividade.

O texto *O Usurário*, de Martins Pena, por exemplo, não apresenta nenhuma definição prévia relacionando a personagem Daniel ao judaísmo. Gradualmente, porém, ele começa a ser caracterizado como avarento, desonesto, inescrupuloso, até que suas vítimas, seus devedores, assim o qualificam:

FREDERICO: Usurário do Inferno!
CÂNDIDO: Demônio da usura!

12. Ibidem.
13. S. Baron, apud R. Loewenstein, *Psicanálise do Anti-semitismo*, p. 64-65.

ADOLFO: Judeu sem consciência!

CLEMENTE (*levantando-se do caixão*): Ladrão! (*Os três desataram a rir.*)

CÂNDIDO: A ladroeira é tal que faz ressuscitar mortos.

Daniel é definido como judeu pelas outras personagens da comédia, em função da atividade que exerce, numa recorrência direta ao mito.

França Jr., em *Meia Hora de Cinismo*, também retoma a figura do agiota, retratando-a de modo tão convencional quanto Martins Pena. Dessa vez é a personagem Jacó que faz um empréstimo a alguns estudantes de Direito que se encarregam de humilhá-lo e de realizar uma severa crítica de costumes quando da cobrança da dívida. Novamente dinheiro e exploração se aliam para a transmissão de uma imagem padronizada, como abaixo:

ESTUDANTE NOGUEIRA: Senhor Jacó, a sua dívida vai ser satisfeita, mas antes de tudo há de ouvir-me. Há ladrões que, embrenhando-se pelas matas, assaltam os viandantes de pistola e faca; há outros que roubam de luvas de pelica nos salões de nossa aristocracia, estes têm por campo de batalha uma mesa de jogo; há outros, finalmente, os mais corruptos, que são aqueles que, arrimados a um balcão, roubam com papel, pena e tinta. O senhor faz honra a esta última espécie: é um ladrão e um ladrão muito mais perigoso do que os outros. Dê-me essa letra, documento autêntico de sua infâmia e tome seu dinheiro.

Em outros casos, a relação não é estabelecida meramente entre a personagem judia e a atividade em questão, não é apenas um papel que lhe é aferido. O judeu, enquanto personagem mítica, é indevidamente nomeado como o próprio criador do sistema bancário. A alusão encontrada na peça *O Crédito*, de José de Alencar (1829-1877), funciona como reforçadora c mantenedora do mito criado na Idade Média. Cito, como exemplo, o trecho:

Este homem chamou pobres, mas honestos e empreendedores, e confiou-lhe os seus capitais para que eles realizassem as suas ideias. O crédito estava criado. Outros seguiram o exemplo: associaram-se e formaram um banco. Essa pequena instituição escondida no fundo da loja de um judeu desenvolveu-se, dominou as grandes praças comerciais, e hoje circula o globo [...]

Na peça, Alencar defende a tese de que o crédito "regenera o dinheiro, ao nivelar os homens pelo trabalho e dar à atividade os meios de criar e traduzir". A riqueza, antes da criação do crédito, segundo ele, seria apenas "privilégio de poucos". O autor comete, então, o erro histórico de creditar aos judeus a origem da instituição bancária.

Ainda em *A Carta do Judeu*, de Francisco Colazo, e *O Preço do Beijo*, de J. Maia, reencontramos a personagem do agiota. Na primeira peça, o usurário Moisés exerce também a profissão de joalheiro. Na descrição acentuadamente preconceituosa da personagem, pode-se notar a transferência dos aspectos negativos relacionados à usura, ao outro ofício por ele exercido. Os negócios realizados com o joalheiro são permeados pela desconfiança inspirada pelo agiota e, assim, as demais personagens sentem-se pouco à vontade ao efetuar "negócios com esse agiota".

Em *O Preço do Beijo*, a usura é um pretexto para a elaboração de um retrato bastante negativo da personagem judia. É relatado um processo de agiotagem em que o próprio emprestador é enganado por sua vítima – no caso, ambos são judeus.

Essas peças comprovam que, por mais de um século, o teatro brasileiro manteve inalterada uma imagem preconceituosa, a do agiota judeu, contribuindo, assim, para sua permanência e irradiação.

Outra profissão estereotipada atribuída à personagem judia, e que se manifesta no teatro do século XIX, é a de joalheiro. Ela aparece na peça *A Joia*, de Artur Azevedo, e em *Os Cáftens*, de A. Lopes Cardoso. No primeiro caso, o ofício é realmente exercido pela personagem, ao passo que, no segundo, é um disfarce para encobrir sua verdadeira atividade: o lenocínio.

Os estrangeiros que chegam ao Brasil no início do século passado introduzem ofícios desconhecidos,

numa espécie de cosmopolitismo de que, mesmo em épocas mais tardias, não se conhecerão muitos exemplos. Assim é que vemos tanoeiro e caixeiro dinamarqueses; lavrador escocês; marceneiro, caixeiro, copeiro suecos; cocheiro e padeiro norte-americanos; sapateiro irlandês; boticário italiano. Da indicação de ofício de certo holandês chamado Boa consta vagamente: "questões referentes a castigos de escravos". E aparecem especialidades profissionais por nacionalidade, de sorte que cozinheiros e livreiros são franceses; taverneiros, espanhóis; relojoeiros, suíços[14].

A dramaturgia brasileira introduz o joalheiro como sendo judeu.

No século xx, as profissões mais comuns veiculadas pela dramaturgia e exercidas por personagens judias são as de banqueiro, comerciante e cientista.

A Vingança do Judeu, de Augusto Vamprê, apresenta o banqueiro Samuel Mayer, que encarna algumas características veiculadas pelo mito do agiota: avareza e desonestidade. Já nos textos *O Homem e o Cavalo*, de Oswald de Andrade, e *Um Judeu*, de Raimundo Magalhães Jr., a relação judeu/banqueiro apresenta matizes mais acentuadamente políticas – o dinheiro judeu é a força econômica que governa o mundo. Essa relação, devido a sua especificidade, será analisada no "Perfil Político da Personagem Judia".

No esquete *O Bassê*, de J. Maia, surge a figura estereotipada do comerciante judeu, descrito como esperto e ambicioso. Salomão utiliza-se de uma série de artimanhas com o intuito de ludibriar um freguês, conseguindo vender-lhe uma mercadoria que ele tanto não possui como também desconhece. As rubricas do texto definem claramente o comerciante: (*É o tipo de usurário*); (*Salomão acompanha o freguês cheio de salamaleques*); (*Salomão recebe o dinheiro com a satisfação de um ambicioso*).

14. S. Buarque de Holanda (org.), *História Geral da Civilização Brasileira*, t. 2, p. 11.

Em outros textos examinados, *Maurício de Nassau*, de Viriato Corrêa; *Os Ossos do Barão* e *A Escada*, de Jorge Andrade; e *A Patética*, de João Ribeiro Chaves Neto, encontramos uma análise crítica dessa imagem estereotipada do judeu-comerciante: nessas peças, a concorrência econômica representada pela personagem judia é apontada como uma das principais causas geradoras de preconceitos e mitos arraigados.

Na peça de Viriato Corrêa, que retrata a invasão holandesa no Recife, pode-se constatar que a "nobreza" pernambucana da época cria ou alimenta diversos estereótipos negativos com respeito aos judeus, pois se ressente da competição econômica representada por eles e outros alienígenas:

SIMOA: Vossa mercê passou sete anos fora, já não conhece a nossa terra. Uma desgraça. Recife só tem mercadores, traficantes, taverneiros, judeus. E tudo isso a tirar o couro da gente. É dinheiro, unicamente dinheiro que essa gente quer. Arrancam-nos tudo, os engenhos, os escravos, os olhos da cara.

A mesma personagem alude, em seguida, a frei Manoel dos Óculos, o principal denunciador da exploração econômica atribuída aos judeus no Brasil Holandês. De fato, frei Manoel via

judeus traiçoeiros por todos os lados, quase numa "judeu fobia". Dizia ele, no auge da desconfiança: "não há aqui que fiar em homens de nação por mais virtuosos que se finjão, ainda que não nego que alguns desta nação hebrea derão grandes mostras de verdadeiros cristãos".[15]

A análise imparcial de Viriato Corrêa faz ressaltar a hostilidade dos brasileiros para com os judeus da época de Nassau, atitude ditada por fatores econômico-sociais e também religiosos[16].

15. V. Chacon, op. cit., p. 14.
16. Ibidem. O autor enumera as restrições impostas aos judeus pelo governo de Nassau: "I. não edificarão eles novas sinagogas; II. a nenhum judeu será permitido casar com cristã; III. não poderão converter cristãos ao mosaísmo; IV. nenhum judeu poderá ultrapassar o sacrossanto

Em *Os Ossos do Barão*, de Jorge Andrade, a mesma crítica ao preconceito econômico do brasileiro é elaborada, agora, porém, referindo-se à decadência da aristocracia do café a partir de 1930. Os estrangeiros da peça, apesar de deterem o poder econômico, continuam a ser segregados e encarados como inferiores pelos paulistas quatrocentões arruinados. O texto desmascara, então, não só o próprio preconceito, como a causa que o gera:

MIGUEL: Espero que Isabel tenha o bom gosto de não querer ser a Sra. Ghiroto.

VERÔNICA: Mas seria extremamente prático. Acho que seria uma vergonha passarmos atestado de pobreza, deixando tudo aqui. Com um casamento, não! O poder dessa fortuna tapa qualquer boca. Hoje até princesas se apaixonam por plebeus ricos. Depois… quantos casamentinhos não viraram casamentões! E vice-versa! Você assistiu, Miguel, ao casamento de Blandina. Parecia que estávamos num velório: a mãe, o pai, a avó… todo mundo chorava. Só porque o moço era judeu. Chegaram a cortar relações com a coitada da Blandina. "No entanto, hoje, o rapaz já restaurou as finanças da família inteira."

Jorge Andrade dá continuidade à mesma linha de desmascaramento de atitudes preconceituosas na peça *A Escada*, referindo-se agora aos estrangeiros de um modo geral, como abaixo:

ANTENOR: Esta gente de hoje é tão atrevida, não é Melica? Pior mesmo, só juiz de direito. E esta cidade está infestada. Banqueiro estrangeiro, juiz que vende sentença e malandro, é onde tem mais! Aqui, em Buenos Aires e Chicago.

AMÉLIA: Já ouviu falar que hoje tem até padre turco, Antenor!

ANTENOR (*irritado*): Quem é que vai acreditar em missa de turco, Melica! Você tem cada uma!

nome de Cristo; v. no recenseamento dos corretores, não excederão terça parte do respectivo número; vi. comerciando, não fraudem ninguém; vii. os filhos nascidos de judeu e de cristão, morrendo os pais, serão entregues para serem educados aos parentes cristãos."

Tais peças descrevem com ironia o sentimento de superioridade do homem brasileiro com relação aos estrangeiros, ditado por razões etnocêntricas. Nota-se

uma distinção sempre presente e rígida entre endogrupo e exogrupo; estranhas imagens negativas estereotipadas e atitudes hostis com respeito ao exogrupo; imagens positivas estereotipadas e atitudes de respeito aos endogrupos, e a ideia de que a relação entre grupos deve ajustar-se a níveis de hierarquia e autoridade nos quais os endogrupos dominam por direito próprio e os exogrupos estão em posição subordinada[17].

Essa posição de superioridade do elemento nativo legitima, então, seu direito de duvidar da honestidade do estrangeiro e de lhe fazer cobranças. No texto *A Patética*, de João Ribeiro Chaves Neto, por exemplo, a personagem judia precisa comprovar a correção de seu sucesso financeiro, pois existe a suspeita de haver enriquecido de modo ilícito. Cito, como exemplo, o trecho:

SEGUNDO HOMEM: Da. Ana, por favor. Eu preciso de algumas informações suas. Pelos dados que já nos forneceu, induz-se que desembarcaram aqui com muito pouco dinheiro. Quase nada. Como explica? Sim, como explica que, em tão pouco tempo, tenham uma atividade comercial instalada? E funcionando a contento? Um rol apreciável de bens. Terras inclusive. Ações!

A última atividade à qual a personagem judia é relacionada é a de cientista, presente a partir da Segunda Guerra Mundial. Os dois textos que apresentam judeus cientistas possuem um traço comum de identificação: ambos se utilizam de um clichê bastante popular – o cientista alienado da realidade cotidiana.

Na peça *A Morte de Samuel Klaus*, de Olavo de Barros, o cientista, personagem principal, é um judeu polonês que se refugia nos Estados Unidos, no início da Segunda Guerra. É descrito como um intelectual brilhante, mas

17. T. Adorno et al., *La Personalidad Autoritaria*, p. 159.

completamente distante do comportamento "habitual": ele descuida de seus trajes e mantém, por ciúmes, a esposa como prisioneira.

Mas é na peça *Não Respire, Não Coma e Não Ria*, de Flávio Cerqueira, que os traços esquizofrênicos de um cientista e inventor judeu, sobrevivente aos campos de concentração, atingem o auge: ele fica anos perseguindo um invento que fora anteriormente pesquisado pelos nazistas nos campos de extermínio. O cientista, que teria sido cobaia das experiências, só se sente realizado quando alcança seu objetivo: descobre um gás "que entorpece a vontade e destrói os nervos humanos". Ele explica como:

CIENTISTA: Há muito tempo... Sim acho que já se passaram muitos anos, mas ainda sinto como se fosse hoje. Estávamos num campo de concentração, quase no fim da guerra. Sentíamos pelo nervosismo dos alemães. Um dia, surgiu um "novo médico". Foi um alvoroço danado no campo. Selecionaram alguns de nós e eu estava no meio. Era um dos últimos grupos de judeus no campo. Nos alimentaram bem por uma semana. Chorávamos como crianças, sabendo que morreríamos em breve, mas comíamos. Uma manhã nos despertaram, nos deram banho e empurraram celeremente para o galpão das "experiências", donde não voltava ninguém. Horrível. Entramos como gado no grande barracão. Tremíamos no gelado recinto de cimento armado. A morte nos cercou imediatamente. (*Parou de falar, com o olhar esgazeado, estático.*) Foi um milagre. Descobri o gás dos nervos por um milagre [...] Algo que estava em mim, que se incorporou ao meu ser, me levou a ele. Era como se um mau cheiro exalasse eternamente de meu corpo, e pouco a pouco fosse se cristalizando. E... consegui enfim a sua composição (*ri descontrolado*).

A personagem judia, na passagem acima, não só apresenta traços estereotipados como sua composição ressalta, do ponto de vista psicológico, aspectos sadomasoquistas poucas vezes igualados em exemplos da dramaturgia brasileira.

Nesses textos, a atribuição de atividades científicas à figura do judeu poderia estar relacionada aos sucessos de Einstein e outros intelectuais judeus, que granjearam grande popularidade no século XX.

A exemplificação coletada salienta uma forte tendência da dramaturgia brasileira em atribuir à personagem judia profissões estereotipadas: prestamista-usurário, joalheiro, banqueiro, comerciante e cientista; em detrimento de outras profissões liberais ou de atividades ligadas à indústria, ao artesanato ou às artes, que já aparecem com frequência a partir de meados do século xx.

Isso se verifica, por exemplo, no "Recenseamento e Pesquisa Sociológica da Comunidade Judaica de São Paulo"[18], realizado em 1968, que constatou que, de um total de 9086 unidades familiares entrevistadas, 28.498 indivíduos, cerca de 11.926 deles – 41,49% da comunidade – exerce uma atividade profissional, conforme os dados abaixo:

A distribuição segundo seu nível ocupacional é a seguinte: operários – 0,28%; empregados – 12,80%; diretores ou gerentes – 15,30%; empregadores – 27,28%; artesãos ou que trabalham por conta própria – 8,87%; profissionais liberais – 14,80%; outras profissões – 10,06%; aposentados – 7,87% e desempregados – 2,67%.

Nota-se a elevada proporção de empregadores, diretores e os que trabalham por conta própria, que chega a 51,45% da população ativa, enquanto o número de profissionais liberais se eleva a 14,80% [...] Entre os profissionais liberais, a maior parcela é representada pelos engenheiros – 23,38%; seguidos pelos médicos – 20,63% e pelos professores (incluindo os de nível universitário, secundário e primário) – 19,53%. 6,92% são advogados e 6,11% atuam como administradores de empresas.[19]

Deve-se ressaltar que esses dados, de 1968, correspondem à segunda geração de uma grande imigração iniciada com o término da Primeira Guerra Mundial, geração essa que teve maior acesso às universidades e às profissões liberais. A realidade dos imigrantes chegados na década de 1920 ou 1930 era bastante diversa. A relação de imigrantes recebidos em São Paulo pela Sociedade Israelita de Beneficência

18. Recenseamento e Pesquisa Sociológica da Comunidade Judaica em São Paulo – 1968, em H. Rattner et al., *Nos Caminhos da Diáspora*.

19. Ibidem, p. 248-249.

Ezra no ano de 1932, por exemplo, revela uma alta porcentagem de artesãos, seguida pelos comerciantes e comerciários, além de uma parcela significativa de operários.

De um total de 372 pessoas que chegaram, predominantemente da Europa Oriental, observa-se a seguinte distribuição segundo o nível ocupacional:

TOTAL DE PESSOAS CHEGADAS: 372

DISTRIBUIÇÃO SEGUNDO O NÍVEL OCUPACIONAL:

Ocupação	Quantidade	Porcentagem
Do Lar	147	39,51
Operários	26	6,99
Comerciantes e Comerciários	58	15,59
Prof. Liberais	4	1,08
Artesãos	109	29,30
Estudantes	19	5,11
Rabino	1	0,27
Sem Profissão	8	2,15

Entre os artesãos, foram especificadas as seguintes atividades: tecelão, peleiro, alfaiate, relojoeiro, vidraceiro, pintor, funileiro, marceneiro, sapateiro, chapeleiro, barbeiro, ferreiro e encanador[20]. Quanto aos comerciantes, a maior parte se dedicou ao comércio ambulante, e os restantes, ao pequeno comércio[21].

Esses dados comprovam, pelo menos com relação à comunidade judaica da cidade de São Paulo, que não difere de modo acentuado de outros centros brasileiros, que a atribuição de determinadas atividades profissionais à figura do judeu pela dramaturgia é mais uma recorrência a mitos do que uma opção baseada em observações reais. Além disso,

20. Livro de Cartas de Chamada de 1932 da Ezra, de São Paulo. Acervo: Arquivo Histórico Judaico Brasileiro.

21. E. Lipiner, *A Nova Imigração Judaica no Brasil*, p. 120-121.

essa atribuição demonstra também que o teatro brasileiro vê
o judeu exercendo um papel antes social do que econômico.

Perfil Antropológico: Raça x Religião

> *Entre 1789 e 1815, os judeus foram emancipados
> na maior parte dos países ocidentais, e daí por
> diante aspiravam a tornar-se cidadãos semelhan-
> tes aos outros; mas a sociedade cristã, sobretudo
> na Alemanha, só experimentava mais descon-
> fiança com relação a eles, como parecia ser a
> regra nos casos de libertação de escravos. Ora,
> na idade da ciência, o argumento teológico de
> maldição não convinha mais para reivindicar o
> restabelecimento dos guetos, e é assim que a casta
> "deicida" judia se transformou, logo depois de sua
> emancipação, em raça "inferior" semita.*
>
> LÉON POLIAKOV[22]

O perfil antropológico da personagem judia no teatro brasileiro pode ser dividido em dois aspectos principais: o cultural e o físico. No primeiro, apresentamos algumas definições
presentes nos textos analisados, bem como um quadro de
hábitos e tradições do judaísmo. O segundo aspecto trata
da descrição física da mulher e do homem judeus.

Através da análise do material que serviu de base a este
estudo, pode-se constatar que a caracterização antropológica da personagem é bastante imprecisa. Existem várias
divergências, não só de uma obra para outra como dentro de uma mesma obra. Desse modo, ora judeu é definido
como religião, ora como raça, ora como povo.

É bem verdade que essa definição é bastante complexa,
tendo variado de época para época, dependendo das crenças de um determinado meio social e de fatores de ordem
religiosa, econômica e política.

---

22. *O Mito Ariano*, p. 173.

Na Antiguidade, o povo judeu compreendia, segundo parece, mais ou menos os mesmos elementos raciais que os gregos insulares da Ásia Menor. Atualmente os judeus são tão pouco definíveis do ponto de vista antropológico – a despeito da existência de um pretenso "tipo judeu", distinto, aliás, para os asquenazitas ou judeus do Norte e os sefaraditas ou judeus do Sul – que os próprios nazistas (para não falar do recurso das insígnias especiais) tiveram de apelar ao critério religioso a fim de efetuar a discriminação: era considerado de raça judia aquele cuja genealogia revelasse haver entre seus ascendentes um certo número de adeptos do judaísmo.[23]

As dificuldades permanecem quer se opte pela religião, quer pelos valores da tradição, na medida em que existem exceções consideráveis. Por isso, de acordo com Melville Herskovits "é bem mais fácil dizer o que os judeus não são do que descrever o que eles são"[24].

Os judeus não constituem um grupo racial homogêneo. Todas as tentativas de se conceituar uma raça judia estão hoje descartadas por ausência de comprovação científica, pois são baseadas em estereótipos e formulações imprecisas.

Shapiro, em seu importante estudo "O Povo da Terra Prometida", trata das origens étnicas do povo judeu e das influências por ele recebidas no decorrer da história, chegando às atuais características biológicas que o identificam. Baseando-se em critérios clássicos de identificação racial, o autor conclui que as diversas comunidades judias existentes apresentam diferenças demasiado marcantes, para que possam ser consideradas como pertencentes a uma raça única. Com relação à distribuição de grupos sanguíneos, por exemplo, "a comunidade judia tende a aproximar-se da média da população do país onde vive"[25]. Todos esses resultados levam a concluir que os judeus assimilaram elementos biológicos de outros grupos tanto na Antiguidade quanto na Diáspora,

---

23. M. Leiris, Raça e Civilização, em Unesco (org.), *Raça e Ciência I*, p. 196-197.

24. Quem São os Judeus?, em R.R. Krausz, *Problemas de Sociologia Judaica*, p. 23.

25. H.L. Shapiro, O Povo da Terra Prometida, em Unesco (org.), *Raça e Ciência I*, p. 171.

e que as diversas migrações levaram "a novas combinações e sínteses que proporcionaram uma diversificação biológica poucas vezes apresentada por outros povos"[26].

O teatro brasileiro oscila principalmente entre raça e religião ao tentar definir a personagem judia. Na peça *A Vingança do Judeu*, de Augusto Vamprê, por exemplo, a postura adotada inicialmente é a de que se trata de uma raça. Samuel Mayer, protagonista do texto, discute com um reverendo sua possível conversão ao cristianismo. Quando Samuel finalmente se decide pela não conversão, o reverendo esclarece que essa decisão faz dele um ateu:

SAMUEL: Desculpe-me reverendo... ateu não é o termo. Não me escrevi (inscrevi) entre as suas ovelhas mas tenho a minha religião.

REVERENDO: Bem. Que nós... Não me leve a mal dizer... Não consideramos propriamente religião.

A partir do momento em que o judaísmo é definido como raça, a personagem passa a enfrentar um meio social hostil onde não é aceito, pois, segundo o autor, "a barreira racial é um estigma, é uma barreira intransponível". Samuel, então, se apaixona por uma nobre que o recusa alegando motivos raciais. Como ela diz:

VALÉRIA: Devo sacrificar-me porque sou simplesmente uma mulher, embora seja condessa. Mas, o senhor, como todos os de sua raça, só acham sacrifício quando existem prejuízos financeiros. (*Desprezo*) [...] mas não vê... não vê que nada pode apagar a nódoa de seu nascimento? Nada pode fazer desaparecer o abismo que nos separa, Samuel! Você será sempre um judeu!

Surge, entretanto, no final da peça, uma saída para Samuel – novamente amigos propõem sua conversão ao cristianismo. Contraditoriamente, "a barreira racial" poderia ser rompida, havendo uma transmutação ao nível

26. Ibidem, p. 185.

religioso e a mudança de religião implicaria no desaparecimento da caracterização racial.

Indefinições desse tipo aparecem também no texto *Ódio e Raça*, de Henrique Adre. Tratando do relacionamento entre árabes e judeus, estes são concebidos de início como um povo possuidor de crenças e tradições específicas. No decorrer da peça, porém, quando essa especificidade começa a gerar discordâncias entre os dois povos, a causa é atribuída à intransigência racial dos judeus. Exemplificando:

FÁBIO: A segregação racial é provocada mais pelo judeu do que por seus inimigos, porque fortalece a coesão interna diante das ameaças externas.

Desse modo, a existência de tradições que distinguem os judeus de outros povos seria, segundo o texto, motivo para seu enquadramento racial.

Já nas peças que narram o advento do cristianismo, o judaísmo é concebido como uma religião. No entanto, alusões à raça judaica tornam-se frequentes quando a crucificação de Cristo é atribuída aos judeus. Nesses casos, a identificação racial tem sempre uma conotação pejorativa: raça enquanto sinônimo de censura, menosprezo ou ódio. Assim:

PILATOS: Raça infame da Judeia, maldita sejas!... Maldita!

(Eduardo Garrido, *O Mártir do Calvário*)

PILATOS: Raça torpe e vil, que do céu venha sobre os judeus tremenda maldição.

(José Pires Costa, *Jesus de Nazaré: Rei dos Judeus*)

Essa noção de raça é fruto exclusivo de antagonismos culturais e de diferenças de crenças e costumes entre povos distintos.

Após a queda de Roma, a Igreja Católica realmente exerceu uma poderosa influência tanto política quanto religiosa [...] Com o tempo, [raça] era concebida cada vez mais como um instrumento da ordem internacional, a glória de Deus exigindo que toda a terra fosse submetida à sua lei. Por isso, os cristãos guerrearam contra os muçulmanos e os "pagãos", mas seu antagonismo era então de ordem puramente religiosa. Os judeus eram perseguidos e os muçulmanos reduzidos à escravidão enquanto inimigos da fé e não por causa de sua raça. Não obstante, os judeus, os muçulmanos e os pagãos, por serem mantidos à margem da Europa cristã, constituem uma prefiguração do conceito moderno de "raças estrangeiras".[27]

Mas não é somente nos textos que apresentam temática religiosa que surge esse antagonismo gerando caracterizações raciais. Outras vezes, a identificação judeu/raça é assumida pela própria personagem definida como judeu. Na peça *Os Cáftens*, de A. Lopes Cardoso, Levy se refere a alguns preceitos da religião judaica para o aliciamento de mulheres à prostituição. Diz ele:

LEVY: Sim, o que farias? Sentir-te-ias, conforme o uso e leis de nossa raça, disposta a todo e qualquer sacrifício para salvar teu marido?

O texto transforma certas leis do judaísmo em elementos caracterizadores de uma raça. O mesmo procedimento é adotado por Martins Pena no drama *Vitiza ou O Nero de Espanha*. Orsinda, a favorita do rei, é na realidade Sara, uma judia amaldiçoada pelo próprio pai e que assume seu judaísmo de modo bastante negativo:

SARA: Nasci na Catalunha, de uma raça sobre a terra proscrita, de uma raça insultada por ser fiel à crença que seus primeiros pais lhe transmitiram [...]

Pode-se notar, a partir da exemplificação mencionada, que não existe uma definição antropológica precisa de judeu na dramaturgia brasileira. Várias designações são arroladas, mas os critérios para sua adoção mostram-se de tal modo inconsistentes que, num mesmo texto, ora se opta por uma alternativa, ora por outra.

27. K.L. Little, Raça e Sociedade, em Unesco (org.), *Raça e Ciência I*, p. 64.

A caracterização antropológica, realizada a partir das convicções religiosas do judaísmo, além de não ser globalizante – não se refere a todos os integrantes do povo judeu – apresenta-se, ainda, constantemente mesclada ao aspecto racial. E, na maior parte das vezes, quando o rótulo raça é impingido ao judeu, pode-se constatar a existência de uma postura preconceituosa no texto analisado.

A imprecisão na definição antropológica da personagem deixa transparecer o desconhecimento de autores como Augusto Vamprê, Henrique Adre e A. Lopes Cardoso, entre outros, a respeito da temática retratada. Desconhecimento esse que irá nortear também a descrição de crenças e tradições relativas ao judaísmo. Como esses autores carecem de subsídios para uma análise mais rigorosa, suas descrições resultam, consequentemente, inverídicas.

Poucos costumes judeus são apresentados pela dramaturgia brasileira. As peças mais preconceituosas deixam de lado os hábitos para referirem-se ao caráter judeu. Nos textos isentos de formulações estereotipadas, poucas vezes esse aspecto é mencionado.

Com relação ao judeu comerciante, surge um hábito a ele atribuído com relativa frequência: o regateio do produto a ser negociado. O judeu apresenta-se, então, como o protótipo do negociante que sabe mais do que ninguém valorizar sua mercadoria, vendendo-a pelo melhor preço. No esquete *O Bassê*, de J. Maia, por exemplo, o comerciante Salomão discute com um freguês o preço de um cachorro:

FREGUÊS: Se for bassê, nas condições que eu quero, poderei pagar até... uns trinta mil cruzeiros.

SALOMÃO (*nervoso*): Senhor dizer trinta mil cruzeiros?

FREGUÊS: Sim, trinta mil...

SALOMÃO (*acalmando-se*): Não. Senhor pagar cinquenta mil. Bassê de Salomão é o melhor. O mais bonito, o mais valioso...

FREGUÊS: Mas cinquenta é muito.

SALOMÃO: Não ser muito. Senhor levar pechincha. Eu já ter vendido a oitenta mil. Mas Salomão simpatizar com senhor e estar vendo que freguês entender e saber o que quer.

Esse texto tem a preocupação de ressaltar o mito do negociante esperto e desonesto, valendo-se de todos os clichês que a tradição oral coloca à sua disposição.

Outro costume atribuído ao judeu é o da contratação de casamentos entre famílias. Na peça *A Morte de Samuel Klaus*, de Olavo de Barros, a família Cohen força sua filha a se unir a Samuel Klaus por causa de sua riqueza, assim definida:

> JOÃO MARCOS: [...] Uma história revoltante de dinheiro e de imposição da família dos Cohen, – contou-me Evania um dia. Samuel Klaus era um homem de grandes haveres, diziam seus pais. Poderia dar-lhe o luxo e o conforto a que ela estava habituada.

Não deixam de aparecer também condenações a casamentos mistos, em que a personagem que se casa com um não judeu é sempre amaldiçoada, como no exemplo:

> SAMUEL: Como sabe, sou hebreu. A senhora é filha de hebreus e, desprezando a crença de seus pais, uniu-se a um católico – um descendente dos perseguidores da nossa raça! Seu pai amaldiçoou-a por isso, e a maldição de um pai é um anátema terrível.

(A. Lopes Cardoso, *Os Cáftens*)

O mesmo processo se verifica em *Vitiza ou O Nero de Espanha*, de Martins Pena, com o agravante de o pai de Sara tentar matá-la ao saber de sua união com um cristão:

> ORSINDA: [...] Miserável! bradou com voz ferrenha, que desonras teu Deus, teu pai, teu povo, prepara-te que eu venho no teu sangue a desonra lavar que me conspurca.

Já com relação às tradições religiosas do judaísmo, encontramos diversas deturpações, bem como a atribuição aos judeus de hábitos e convicções cristãs. Isso ocorre, principalmente, nos textos relativos à paixão de Cristo, conforme analisado no "Perfil Religioso da Personagem Judia".

Pode-se observar que a inexatidão com que os hábitos e tradições do judaísmo são descritos não só revela o desconhecimento de certos dramaturgos com relação ao tema tratado, como reforça uma visão inverídica e muitas vezes preconceituosa de determinados fatos históricos.

A descrição física da personagem judia obedece a requisitos peculiares. Dependendo da postura do autor, ela é mais ou menos pormenorizada, precisa ou tendenciosa. Alguns textos, partindo do pressuposto de que os judeus, enquanto uma "raça" específica, são facilmente reconhecíveis, homogeneízam sua descrição com colocações do seguinte teor:

MARTINHO: Se não me engano, já vi esse homem.
ALTAMIRO: Os desta raça são todos parecidos.

(Francisco Colazo, *A Carta do Judeu*)

Esse tipo de caracterização racial, não baseado em diferenças culturais ou religiosas, mas sim em pretensas causas biológicas, é responsável pela criação de mitos raciais, pseudocientíficos e com intenções claramente antissemitas. O fato de alguns judeus serem identificados pela aparência se deve, de acordo com Juan Comas,

menos a caracteres físicos hereditários do que ao resultado de reações emocionais e de outras reações que produzem expressões faciais e atitudes corpóreas específicas, maneirismos, entonação e tendências de temperamento e caráter resultantes dos costumes judeus e do tratamento dado aos judeus pelos não judeus[28].

Desse modo, toda vez que nesse século o rótulo raça é impingido aos judeus com base nas leis de hereditariedade, pode-se constatar a existência de uma postura preconceituosa, semelhante àquela que fala em raça ariana, raça pura etc.

Outras vezes, um atributo físico vem acompanhado de intenções que lhe são exteriores e, então, em lugar de se descrever fisicamente a personagem, lhe são atribuídas

28. Os Mitos Raciais, em Unesco (org.), *Raça e Ciência i*, p. 33.

características morais ou psicológicas. No esquete *O Bassê*, de J. Maia, a figura de Salomão é apresentada com a seguinte descrição física: "É o tipo do usurário". Também o joalheiro da peça *A Joia*, de Artur Azevedo, é assim recepcionado por seus fregueses: "Olho vivo! Tem cara de judeu..."

Em certos textos, essa "cara de judeu" é descrita com mais detalhes, deixando transparecer concepções bastante estereotipadas:

JOÃO MARCOS: Os senhores conheceram de certo o Dr. Samuel Klaus [...] Um toxicólogo a quem os nossos estudantes apelidaram de "Meio Quilo", pois ele não tinha mais de um metro e vinte de altura. Era feio, raquítico, nariz enorme, longas barbas cobriam-lhe o rosto, sobrancelhas cerradas, mãos e pés descomunais... Um orangotango perfeito.

(Olavo de Barros, *A Morte de Samuel Klaus*)

A mulher judia, em contrapartida, apresenta uma descrição bem mais positiva, ainda que também estereotipada. Sua imagem teatral em pleno século XX é uma herança da concepção veiculada pelo movimento romântico brasileiro – a judia possui uma beleza idealizada, com traços perfeitos e ao mesmo tempo misteriosos. De acordo com Celso Lafer, "as origens deste mito, queremos crer, são bíblicas e podem ser traçadas no livro de Ester"[29].

A perfeição fisionômica da personagem aparece da seguinte maneira, ainda na peça *A Morte de Samuel Klaus*:

JOÃO MARCOS: Evania é uma loira platinada de olhos azuis cor--do-céu, de estatura ideal; de uma beleza invulgar... inteligente e culta. Para plasmar aquela maravilha da Natureza, nem Jesus Cristo transformado em Phidias. Satanás, com seu buril mágico, de fogo, não esculpiria tão bela tentação.

Observa-se, no exemplo mencionado, que essa beleza possui uma conotação demoníaca – de tentação e atração

29. O Judeu em Gil Vicente, *Gil Vicente e Camões*, p. 77.

irresistível que leva a personagem João Marcos a matar seu rival, o cientista Samuel Klaus, por amor a Evania.

Também nos textos *Os Cáftens*, de A. Lopes Cardoso, e *O Preço do Beijo*, de J. Maia, há uma exaltação entusiástica da beleza da mulher judia. No primeiro caso, o cafetão Samuel justifica seu interesse por Judith:

SAMUEL: Encontrei-a em Berlim e, deslumbrado pela sua formosura, tenho-lhe andado no encalço há cerca de dois meses.

No segundo caso, Jacob "mostra-se maravilhado com a beleza de Rebecca", a esposa de seu melhor amigo, e, ao tentar conquistá-la, faz uma paródia do soneto de Camões sobre o amor de Jacó por Raquel – "Jacob não queria Isaac, queria Rebecca".

Aliados a essa beleza incomum, traços de mistério compõem uma imagem ainda mais estereotipada da personagem. Madalena, a prostituta redimida pelos ensinamentos de Cristo, é assim descrita na peça *Madalena e Salomé*, de Maria Vanderley Menezes:

MARCOS: Deixa-me ver estes olhos... assim... como são belos, mesmo dominados pelo medo... tua beleza é estranha, judia... semelhas uma flor, um lírio. Não, não é bem um lírio... Em ti ficariam muito mais belos [os ricos adereços de Salomé]. Sim, haverias de dar-lhes um encanto diferente... esse encanto que algumas mulheres de tua raça possuem. És uma verdadeira rainha!

Somando-se os traços cultural e físico da personagem judia retratada pelo teatro brasileiro, podemos constatar a existência de um quadro impreciso, inconsistente e estereotipado, não só quanto aos hábitos e tradições do judaísmo, como quanto à sua definição antropológica e descrição física. Além da ausência de objetividade nas definições e das divergências apontadas de uma obra para outra, ou dentro de uma mesma obra, esse perfil também se caracteriza por sua reiteração. Os textos que serviram de base à nossa análise perfazem o período de 1840 a 1972, ou seja, a mesma imagem perdura por mais de um século.

Perfil Político:
A Manipulação Ideológico-Política dos Estereótipos
e Preconceitos: O Apátrida, o Capitalista Internacional,
o Agente do Sionismo Imperialista e o Revolucionário
de Esquerda

> *As vantagens que se podem extrair da utilização de um preconceito não são somente de ordem econômica; elas também podem ser de ordem política. Para conservar o poder, um partido poderá procurar fomentar divergências entre grupos. Os ditadores modernos souberam com uma habilidade consumada "dividir para reinar" tanto para se manterem no poder quanto para realizarem conquistas. Sabe-se que, em vários países, Hitler recrutava os seus partidários (diríamos hoje a sua quinta-coluna) prometendo-lhes as posições e os bens dos judeus, enquanto apelava para os sentimentos latentes de superioridade racial.*
>
> ARNOLD ROSE[30]

O perfil político da personagem judia no teatro brasileiro constitui-se a partir de três aspectos principais: a utilização da personagem como bode expiatório; o poder político do judeu, proveniente de sua força econômica; e as definições e atribuições do sionismo.

Quando é impingido ao judeu o papel de bode expiatório, lhe é atribuída culpa por situações com as quais ele não se relaciona diretamente. Assim, problemas econômicos, políticos ou sociais são canalizados para um único ponto e o judeu torna-se, então, responsável por todos eles.

O drama *Vitiza ou O Nero de Espanha*, de Martins Pena, exemplifica de modo preciso esse aspecto. O tirano Vitiza outorga, no ano 694 E.C., uma lei concedendo aos judeus direitos anteriormente abolidos pelo Concílio de

---

30. A Origem dos Preconceitos, em Unesco (org.), *Raça e Ciência II*, p. 164.

Toledo. A partir daquela data, os judeus gozariam "de todas as prerrogativas e leis que os mais godos".

Ocorre, porém, que o descontentamento do povo, provocado por uma série de injustiças sociais como desemprego e altos impostos, atinge seu auge com essa medida. O povo, já insatisfeito, volta-se contra os judeus, encarados agora como causadores de todos os males nacionais:

PRIMEIRO HOMEM DO POVO: Mas o braço não fere sem punhal. Demais o sangue em nossas veias ferve, quando ouvimos falar nesses judeus que nos odeiam e que roubam da indústria os nossos bens, como um povo descrido e forasteiro.

A relação judeu/bode expiatório faz emergir a situação do estrangeiro que, numa competição desleal, exerceria funções antes reservadas aos não judeus. Os judeus passam a ser responsabilizados por uma crise política e essa atitude, além de canalizar indevidamente o descontentamento coletivo, é também utilizada como meio para restabelecer sentimentos de autoconfiança nacional. Desse modo, o povo se une contra um inimigo comum e, fortalecido, dá início a uma rebelião.

O ponto de partida da revolta coletiva é a perseguição ao judeu Samuel, que por pouco escapa de um linchamento, como vemos abaixo:

UM HOMEM DO POVO (*vendo Samuel*): Um judeu!
O POVO: A ele! (*O povo corre para Samuel.*)
RODERIGO: A torrente transborda.
SAMUEL (*procurando fugir*): Por piedade! (*Seguram Samuel.*)
O POVO – Morte! Morte ao judeu!

Por algum tempo, os verdadeiros problemas coletivos são mascarados pela existência desse bode expiatório, e sua destruição corresponderia à eliminação dos problemas que ele encarna.

Hitler, segundo Arnold Rose, teria adotado esse mesmo procedimento:

Os antigos hebreus desembaraçavam-se de todos os seus pecados transmitindo-os simbolicamente a um bode, que, em seguida, era expulso para o deserto. Nós empregamos ainda a expressão "bode expiatório" para designar o substituto inocente do verdadeiro culpado pelos nossos aborrecimentos ou nossas cóleras [...] Certos políticos fizeram carreira designando bodes expiatórios à população. Se Hitler pôde apoderar-se do poder foi, em parte, persuadindo o povo alemão de que os judeus eram a causa de todos os seus males.[31]

Um partido, um governo ou uma religião, para se manter no poder, provoca, muitas vezes, atritos entre determinados grupos sociais. Esse fato é bastante comum nos exemplos coletados para a confecção dos perfis da personagem. Dois polos conflitantes surgem principalmente quando é gerada a noção de raça, largamente utilizada por Martins Pena, no texto mencionado, e bastante comum aos textos de temática religiosa sobre a paixão de Cristo.

Também a designação de judeu errante (presente em: *O Fantasma Branco*, de Joaquim Manuel de Macedo, *As Relações Naturais* e *Mateus e Mateusa*, de Qorpo-Santo, *A Carta do Judeu*, de Francisco Colazo e diversas peças que narram o advento do cristianismo), ou a do "povo forasteiro", de Martins Pena, teria também uma função política que se aproxima da noção de bode expiatório, pois mascara causas reais de um determinado fato histórico.

Deve-se notar que a lenda do Judeu Errante apareceu somente no século XIII, na época em que principiaram as grandes expulsões dos judeus dos países da Europa Ocidental. Ela serviu assim, aos cristãos, no plano do mito, de justificação histórico-religiosa para esses expurgos. Recentemente, na França, após o armistício de 1940, manifestações psicológicas coletivas, análogas, apareceram. Muitos franceses se puseram a falar dos judeus como de um "povo nômade". É evidente que eles tentavam, assim, justificar antecipadamente as medidas antissemíticas ditadas pelo governo de Vichy. Ou melhor, atribuindo esta qualidade de nômade aos judeus, estes franceses se descarregavam de toda culpa em relação a eles: pois não era a

31. Ibidem, p. 184 e 186.

própria natureza nômade dos judeus que provocava a sua expulsão? Assim as medidas antissemitas deviam ser simplesmente a consequência natural desta tendência para emigrar.[32]

Situação até certo ponto similar à do bode expiatório pode ser encontrada na tradicional malhação do Judas – um boneco representando o traidor de Cristo é destruído por ocasião da Páscoa cristã. Essa tradição milenar cumpre a mesma função de válvula de escape, detectável no caso do bode expiatório. Insatisfações coletivas vêm à tona e são aplacadas através da destruição do boneco. Nas últimas décadas, os Judas malhados no Sábado de Aleluia, além das várias depredações também presentes, são mais representações de personagens políticas do que religiosas. Mas sempre cumprindo a função de válvula de escape.

A descrição desse hábito milenar pode ser encontrada nos textos *Judas em Sábado de Aleluia*, de Martins Pena, e *A Torre em Concurso*, de Joaquim Manuel de Macedo. Não existe, em ambas, qualquer referência ao povo judeu, apenas a manutenção de uma tradição preconceituosa, na medida em que existe uma identificação comprovada, também pelo teatro brasileiro, entre Judas e o judaísmo.

Outro aspecto detectado na dramaturgia analisada é a relação entre a força econômica do judaísmo e seu consequente poder político. A relação judeu/banqueiro internacional, presente a partir da década de 1930, se caracteriza pela manipulação de determinados conceitos em função política. Uma imagem estereotipada identifica judaísmo (também a primeira alusão encontrada ao sionismo) aos males do capitalismo, através da figura do banqueiro inglês Rotschild:

BARRABÁS: Sou o Barão Barrabás de Rotschild. Represento as aspirações sionistas de meu povo!
MME. JESUS: És la banca internacional!
S. PEDRO: É o chefe nacionalista que o povo preferiu a Jesus! Viva a minha terra! Viva a Palestina! Viva o município de Betsaida!

32. R. Loewenstein, op. cit., p. 39.

O TIGRE: Só há um remédio para vocês, idealistas da usura e guias da reação.
Vão se matar na Palestina, organizando minorias nacionais. A massa e os soviets saberão recebê-los!"

(Oswald de Andrade, *O Homem e o Cavalo*)

A relação da figura do judeu com o capitalismo financeiro internacional é também retomada no texto *Um Judeu*, de Raimundo Magalhães Jr., mas, agora, dentro de uma perspectiva crítica. Benjamim Disraeli, judeu e futuro primeiro-ministro da Inglaterra, decide lutar pela abolição de uma lei que concedia entrada no Parlamento inglês apenas aos adeptos da religião cristã. Nessa luta, a personagem esbarra em uma série de atitudes de preconceito e intolerância; uma delas identifica o judaísmo a um pretenso poder econômico-político. Disraeli refere-se então ao empréstimo feito pelo banco dos Rotschild ao governo inglês, quando do financiamento à campanha contra Napoleão:

DISRAELI: Meu caro Trollop, sabereis, por acaso, quanto o tesouro da Inglaterra deve ao banco dos Rotschild?
TROLLOP: Alguns milhões, eu o sei... O dinheiro emprestado para a campanha contra Napoleão...
DISRAELI: Pediu o governo inglês aos Rotschild que renunciassem à sua fé, para que cessasse a incompatibilidade religiosa entre a Inglaterra, que pedia, e os Rotschild que emprestavam? Ou pediram os Rotschild à coroa que adotasse a fé hebraica?

Apesar de seu esforço, Disraeli é forçado a se converter ao cristianismo, embora, segundo o autor, ainda se considere judeu. E, como judeu, continua a criticar certas tendências preconceituosas que tratam um conjunto de indivíduos como se fosse um só indivíduo – nem todos os judeus são capitalistas, muito menos banqueiros.

Todo esse poder econômico dos judeus estaria, segundo os antissemitas, associado a um plano de dominação do mundo. Essa é a temática do lamentavelmente famoso *Os Protocolos dos Sábios de Sião* que, segundo

Anatol Rosenfeld, é uma das publicações antissemitas mais difundidas. Publicado pela primeira vez em 1903,

dificilmente se encontrará outra obra que tenha estimulado tanto o ódio contra um grupo humano. Pode-se dizer, sem exagero, que esse livro contribuiu amplamente para criar a atmosfera psicológica em que se tornou possível a matança de centenas de milhares e mesmo de milhões de pessoas. Na história da literatura certamente não existe outro livro cujas páginas estavam tão embebidas de sangue e lágrimas [...] Entre os que mais aprenderam com os Protocolos distingue-se Adolf Hitler que deles adotou a técnica de atribuir aos judeus (e aliás também à franco-maçonaria) a culpa de todos os males e calamidades que afligem o mundo[33].

O "dinheiro judeu", representado como força política e também diabólica que governa o mundo, está presente na dramaturgia brasileira até meados do século xx (aparece com essa concepção também no texto de Augusto Vamprê, *A Vingança do Judeu*). A partir de então, essas alusões deixam de se referir ao banqueiro internacional para se dirigir ao sionismo. Todas as manifestações preconceituosas, antes lançadas ao judaísmo de um modo geral, encontram agora no sionista seu alvo preferido.

As antigas referências de ordem religiosa ao deicídio cometido pelos judeus passam para segundo plano, bem como o enquadramento da personagem como raça semita inferior. Os estereótipos políticos anteriormente relacionados ao todo do povo judeu começam a ser dirigidos a uma parte desse – os sionistas – e essa parte, incorretamente, representaria o todo.

Além das breves alusões ao texto de Oswald de Andrade, a peça *Ódio e Raça*, de Henrique Adre, fornece duas definições de sionismo: povo eleito e terrorismo.

Os sionistas, de acordo com o texto, se considerariam "o povo eleito por Deus" e possuidor de qualificações superiores aos outros povos. Essa superioridade justificaria uma

---

33. *Mistificações Literárias*, p. 23 e 40.

atitude de dominação com relação aos povos "inferiores" – as outras nações do Oriente Médio – através do emprego da força.

O texto mencionado critica essa posição sionista, partindo do pressuposto de que ela é verdadeira, e coloca na fala da primeira-ministra de Israel convicções similares às propagadas pelo nazismo com relação à superioridade da raça ariana:

PRIMEIRA-MINISTRA: Vocês nada poderão fazer conosco. Somos mais fortes e tomaremos mais terras [...] Posso afirmar que nossa descendência difere das outras. Somos um povo eleito de Deus.

PRESIDENTE DO EGITO: O que a Ministra denomina de Povo Eleito?

PRIMEIRA-MINISTRA: Povo eleito é povo guiado por poder sobrenatural e possui inteligência acima dos outros povos.

PRESIDENTE DO EGITO: Eu aceito em parte sua assertiva. Nós sabemos que vocês possuem tecnologia apurada, mas muito em breve, também nós chegaremos lá, porque isso não é privilégio de ninguém.

PRIMEIRA-MINISTRA: Até chegarem lá, nós ditaremos as ordens e levaremos a destruição a todos os recantos, onde for necessária a nossa presença.

Além da intransigência da fala da primeira-ministra de Israel, pode-se notar que o trecho diferencia o sionismo, da teoria de superioridade da raça ariana. A segunda é baseada em caracteres físicos hereditários, enquanto a primeira teria justificativas sobrenaturais, dons ditados por Deus.

Essa manipulação de conceitos em função política é responsável ainda por outros aspectos que irão propiciar maior abrangência à definição de sionismo. Enquanto povo eleito, os sionistas seriam partidários de uma segregação natural que impediria sua união com não judeus. A segregação, além de propiciar vantagens biológicas (ela é definida como "racial"), fortaleceria também a união do povo judeu na luta contra seus inimigos: "a segregação racial é provocada mais pelo judeu do que por seus inimigos, porque fortalece a coesão interna, diante das ameaças externas".

Desse modo, o sionismo, além de sua atitude radical e segregacionista, estaria também empenhado em tentativas de expansão territorial.

Ainda de acordo com o texto mencionado, os sionistas teriam o propósito permanente de expandir os limites de seu Estado, visando à maior segurança da nação israelense. Para atingir esse objetivo, todos os obstáculos seriam superáveis, inclusive os éticos: "Somos mais fortes e tomaremos mais terras". Sempre se referindo à sua superioridade "racial", o sionismo incentivaria a destruição de outras nações e a consequente anexação de seus territórios a Israel. Cito, como exemplo:

FÁBIO: O fanatismo é motivo para a guerra e constitui forma de defesa, unindo-os entre si e incentivando-os à conquista, sob a estrela de David, como povo eleito, em busca de um lar espaçoso para Israel. (*Fazer gesto de amplitude com as mãos.*)

A segunda definição de sionismo, também veiculada pela peça *Ódio e Raça* e que seria uma complementação natural da conceituação anterior, diz respeito à identificação sionismo/terrorismo. Para atingir seus fins imediatos, os sionistas estariam dispostos a destruir não só outros povos como também indivíduos isolados que não pactuassem com seus objetivos. Com essas novas atribuições, os sionistas se organizariam em grupos vigilantes e espalhados por diversos países.

Cria-se, então, na peça, um clima de tensão e medo, responsável por disfarces e trocas de identidade. Dois estudantes egípcios, residentes nos Estados Unidos, mantêm-se incógnitos, pois receiam medidas de represália por parte do terror sionista. Um desses jovens é filho do presidente do Egito e sua fala expõe com clareza a situação:

LEOPOLDO: Para a nossa sobrevivência, todo cuidado é pouco. Eu não sou exagerado, mas zeloso, o que é bem diferente. Se algum dia formos descobertos, o sionismo não nos poupará. Seríamos fulminados em horas ou minutos...

Ao procurar traçar o perfil do sionista, o texto, em sua conclusão, reduz o judeu ao colonialista. Apesar das novas colocações, essa mentalidade parte do mesmo processo de redução que anteriormente identificava o judeu ao agiota, ou ao dinheiro internacional.

Outro texto relevante para a formação do perfil político da personagem é *A Patética*, de João Ribeiro Chaves Neto. Dramatização de episódios que culminaram na morte do jornalista Vladimir Herzog, a peça é isenta de formulações preconceituosas e introduz na dramaturgia brasileira a figura do judeu enquanto revolucionário de esquerda. Forte, honesto e lutador, o judeu revolucionário difere completamente de seu irmão capitalista ou sionista.

Pode-se concluir que o perfil político do judeu no teatro brasileiro apresenta, no século XIX, duas associações relevantes. A primeira faz dele um bode expiatório, um substituto falso que justificaria problemas reais. A segunda associação é estabelecida com o judeu errante, e torna a personagem um apátrida, de natureza nômade e inconstante.

No século XX, a personagem judia é apresentada de duas maneiras diversas e contraditórias. De início, temos o banqueiro internacional e o sionista, tendo ambos grande poder econômico e, em consequência, supostamente político. Numa segunda etapa, a personagem aparece ligada ao comunismo. Nesse século, o judeu comunista coexiste com o capitalista, sendo o segundo geralmente sinônimo de sionista, uma generalização associada a uma imagem negativa. Além disso, a personagem judia passa a ter uma atuação política direta, tanto no caso do judeu comunista como no do sionista, aspecto inexistente na figura do agiota e do banqueiro.

Perfil Ético:
O Judeu Como Expressão do Mal e a Exaltação Filossemita
das Qualidades Morais do Judeu

> *Assim o antissemitismo é originalmente um mani-*
> *queísmo; explica o ritmo do mundo mediante a luta*
> *do princípio do Bem contra o princípio do Mal.*
> *Entre esses dois princípios nenhum arranjo é con-*
> *cebível: cumpre que um deles triunfe e que o outro*
> *seja aniquilado.*

JEAN-PAUL SARTRE[34]

O perfil ético do judeu no teatro brasileiro subordina-se diretamente a seu perfil econômico-social. Pode-se traçar o retrato moral dessa figura através da análise dos seus papéis específicos: agiota, comerciante, banqueiro.

A caracterização mais completa do agiota encontra-se em *O Usurário*, de Martins Pena. Daniel, protagonista da peça, é um agiota ganancioso que não se importa em utilizar recursos desonestos nos negócios. Desde o início, seu apego ao dinheiro e falta de caráter ficam patentes através das falas de outras personagens:

CLEMENTE: [...] mas pode a cidade ficar tranquila, pode o Império dormir em paz; um homem, um animal sórdido e miserável, um larápio infame, um cão despiedoso [impiedoso], um usurário enfim nos tem aqui reunido e coligado. Ai dele!

FREDERICO: [...] que homem, amigos. Creio que não dorme muitas vezes no silêncio da noite ouço o tinir do ouro e o ruído dos cofres que se fecham, e o som compassado de seus passos como o de uma vigilante sentinela.

O vilão, odiado por todos, inclusive por sua própria filha, não deixa margem a outro tipo de sentimento que não o desprezo. Daniel não se acanha em realizar um negócio rendoso em pleno velório, fica envaidecido quando se aproveita da "ingenuidade" dos rapazes com quem firmara

34. *Reflexões Sobre a Questão Judaica.*

80

um acordo – esses jovens ingênuos estão, na verdade, preparando-lhe uma arapuca. Engana um amigo a ponto de levá-lo a se envolver com a justiça; vive na mais extrema pobreza: sua casa está prestes a desabar, as paredes, o assoalho e o teto podem ceder à menor pressão, enquanto mantém escondida, "a sete chaves", uma fortuna incalculável.

Não bastasse isso, temos um longo monólogo de Daniel no segundo ato, em que ele expõe sua ordem de valores: "O dinheiro é o único bem que eleva o homem e o coloca acima dos outros!" Segundo a personagem, a riqueza é a "chave" que proporciona tudo ao homem, pode comprar desde a honra até a consciência e a vida. O ouro substitui todas as necessidades do ser humano (o amor, a felicidade), apresentando também uma função místico-religiosa: "O Ouro é o Deus do Mundo... o meu cofre, o meu santuário, o altar das minhas orações".

O receio de perder seu maior bem faz com que Daniel se torne uma pessoa desconfiada e que fareja inimigos por toda parte. Suas reações provocam atitudes bastante negativas por parte das outras personagens, que chegam a identificá-lo com a figura de Judas. Temos, nesse caso, uma transposição de máscaras – a máscara religiosa se adaptando a um novo aspecto, o econômico-social. Interligações desse tipo objetivam dar maior veracidade ao retrato que se pretende fixar, como este:

CLEMENTE: Oh, esses usurários, almas danadas do inferno, venderiam o Cristo como Judas, por trinta dinheiros!

Outro agiota que apresenta caracterização bastante negativa aparece na comédia *Meia Hora de Cinismo*, de França Jr. Como em Martins Pena, Jacó empresta dinheiro a um estudante de Direito. O "maldito verdugo", como é chamado, não se impressiona com a sessão de humilhação que lhe proporcionam os demais estudantes quando do recebimento da dívida. Após longa crítica, quando Jacó é chamado de ladrão e infame, ele apresenta a seguinte reação:

JACÓ (*que durante esse tempo está contando dinheiro*): Está exato. Agora vamos fazer outra visita. O dia está feliz.

Os traços de caráter imputados ao prestamista usurário, identificado como judeu, apresentam uma conotação moral negativa e são fixados de modo consistente, principalmente na dramaturgia brasileira, vinculada à tendência romântica e realista. Essa máscara do judeu-agiota, baseada no mito econômico-social veiculado desde a Idade Média, irá fundamentar, algumas vezes, outros retratos morais da personagem, independentemente do ofício a ela atribuído.

Alguns dramaturgos adotam uma atitude antissemita ao postularem a existência de um "caráter judeu" ou, mais grave ainda, a noção de que esse caráter seria hereditário. Esse é o caso da peça *A Carta do Judeu*, de Francisco Colazo, na qual um judeu joalheiro é visto com bastante desconfiança, pois sua atividade é relacionada à agiotagem:

MARTINHO: Que veio fazer aqui aquele judeu usurário? Alguma má notícia? [...] É alguma trapaça de Leopoldo, não é isso? Somente ele poderia ter negócios com esse agiota.

A desconfiança com que o judeu é encarado, independentemente da atividade que exerça, é comprovada também pelo texto de Artur Azevedo. Quando o joalheiro da peça expõe sua mercadoria a um rico fazendeiro, este é advertido pelos amigos de que deve tomar muito cuidado para realizar o negócio:

CARVALHO (*à parte*): Olho vivo! Tem cara de judeu...

A partir de uma base física, conclui-se por um traço moral negativo da personagem.

O judeu banqueiro também herda os atributos que a máscara assinalada lhe confere, pois age de maneira inescrupulosa na efetivação de seus negócios. Na peça *A Vingança do Judeu*, de Augusto Vamprê, o banqueiro Samuel

Mayer aproveita-se da falência de uma família nobre para, ao resgatar os títulos do pai, obter a filha em casamento.

Aos traços negativos mencionados, avarento, inescrupuloso e desonesto, somam-se também os de explorador e esperto no perfil do judeu comerciante. No esquete *O Bassê*, de J. Maia, a personagem Salomão utiliza uma série de artimanhas com o intuito de enganar um freguês. Tal como o agiota, esse tipo de comerciante apresenta apenas uma motivação, o dinheiro, e para consegui-lo não se detêm frente a nenhum obstáculo. A simples recorrência a mitos clássicos, sem uma preocupação de verossimilhança que legitime as concepções adotadas, levou Sartre a concluir que "é, portanto, a ideia que se faz de um judeu que parece determinar a história, não é o dado histórico que engendra a ideia"[35].

A dramaturgia brasileira contribui também com algumas obras importantes para o processo de desmitificação dos estereótipos atribuídos à personagem judia. No texto *Maurício de Nassau*, de Viriato Corrêa, as referências negativas, principalmente com relação ao dinheiro, traduzem uma postura crítica com respeito ao comportamento preconceituoso da "nobreza" pernambucana da época, não só em relação aos judeus, mas a todos os estrangeiros. O judeu português Gaspar Ferreira, amigo do conde de Nassau, é apresentado de modo negativo pelos pernambucanos, deixando transparecer certa dose de inveja na descrição:

COSMA: Frei Manuel do Salvador, Frei Manuel dos Óculos diz a quem quer ouvir que Gaspar Ferreira serve ao Conde até de onze letras.

BARTOLOMEU: E faz muito bem. A verdade é que está riquíssimo. Faz toda sorte de negócios à sombra da amizade do Conde.

SIMOA: Mas isso é indigno. Um português vivendo às plantas de um holandês.

BARTOLOMEU: Mas, antes de ser português, ele é judeu. Quer é ganhar dinheiro...

---

35. Reflexões Sobre a Questão Judaica, *Reflexões Sobre o Racismo*, p. 10.

O desprezo pela figura do judeu português fica esclarecido, a seguir, quando as mesmas personagens descrevem sua penúria econômica, atribuindo-a à concorrência representada pelos estrangeiros ligados à Companhia das Índias Ocidentais, dentre os quais figuram judeus:

SIMOA: Vossa Mercê passou sete anos fora, já não conhece a nossa terra. Uma desgraça. Recife só tem mercadores, taverneiros, judeus. E tudo isso a tirar o couro da gente [...]

O trecho assinalado, além de ressaltar o dado da competição econômica enquanto fator de estímulo à criação de preconceitos, expõe também o processo de defesa psicológica utilizado pelas personagens ao se sentirem ameaçadas economicamente ou, ainda, inferiorizadas socialmente.

Outro exemplo de postura isenta de formulações preconceituosas é adotado pela peça *Um Judeu*, de Raimundo Magalhães Jr. Diversas acusações morais são feitas à figura de Disraeli pelo parlamento inglês, que reluta em aceitá-lo como membro, pelo fato de ele ser judeu, e as respostas da personagem são sempre tentativas de derrubar mitos clássicos relativos ao dinheiro e à desonestidade. Assim:

TROLLOP: Eu, porém, ficarei com as minhas convicções. Nem o parlamento precisa dos judeus, – tanto que sempre passou muito bem sem eles – nem os judeus, que são tão ricos, precisam do parlamento [...] Mas, eu entendo que os judeus não servem para legislar... Só servem mesmo é para emprestar dinheiro a juros...

DISRAELI: Dinheiro! Se ninguém é mais desinteressado, ninguém é mais desambicioso, ninguém é mais indiferente ao dinheiro do que eu... Dinheiro! Se eu o quisesse, festejaria os poderosos, eles me abririam a bolsa... Ao contrário, combata-os, sabendo que eles a fecham...

Em outros trechos da peça, a posição filossemita do autor se traduz na exaltação das qualidades morais positivas dos judeus, às vezes até com certo exagero, pois introduz alguns estereótipos positivos que também lhes são imputados:

DISRAELI: Podeis dizer teimoso como um judeu… Sei que no fundo, é esse o pensamento dominante a meu respeito… Teimoso como um judeu… Mas, por Deus, dizei também: inteligente como um judeu, tenaz como um judeu, estudioso como um judeu, honesto como um judeu, corajoso como um judeu… Porque anda sempre essa expressão no ar, suspensa, prestes a abater-se como uma espada sobre aqueles que, como eu, vêm do tronco hebraico? Por que nos odeiam, por que nos combatem, por que nos desprezam? Não são virtudes gentis, predicados peregrinos, qualidades positivas, as que têm feito triunfar o judeu onde quer que se manifeste a sua atividade? Os judeus têm os dons da inteligência, o senso realista da vida…

Apesar do tom apaixonado, o texto narra de modo fiel a luta empreendida por Disraeli contra a intolerância da sociedade de sua época e atribui seu sucesso às características de tenacidade e coragem, descritas como valores morais positivos.

O surgimento de um retrato favorável da figura do judeu é apanágio exclusivo da dramaturgia brasileira elaborada no século XX. No teatro do século XIX, somente as personagens judias detectadas em dramatizações de episódios do *Antigo Testamento* apresentam imagem moral positiva.

O perfil ético da personagem, no entanto, mesmo no século XX, caracteriza-se pela sua dicotomia. Assim, imagens positivas e negativas coexistem: a nova imagem de força e coragem, que aparece principalmente no período Pós-Segunda Guerra Mundial (*A Patética*, João Ribeiro Chaves Neves Neto), convive com retratos negativos da personagem (*O Preço do Beijo*, J. Maia).

Para ilustrar essa visão dicotômica, utilizaremos uma analogia entre o judeu e o deserto, detectada em dois textos diferentes, e que dará margem a duas interpretações opostas. A primeira analogia afirma a aspereza do caráter judeu e a sua insensibilidade:

– Salomé é filha do deserto… Fiz o que estava ao meu alcance para educá-la bem. Importei preceptores de Roma… Mas, nada pude fazer quanto ao seu caráter. Tem na alma a aspereza da terra onde nasceu.

(Maria Vanderley Menezes, *Madalena e Salomé*)

A segunda analogia entre judeu e deserto nos remete a uma interpretação totalmente diversa: a tenacidade e a coragem do povo judeu, conservada por vários séculos de dispersão e que culminou na criação do Estado de Israel:

– Os meus só tinham a rocha e o deserto, as sementes nas mãos. As ferramentas amarradas nas costas. Mas a vontade era maior do que as coisas todas. Por isso fizeram das pedras jorrar a água. Da poeira do chão nascer o trigo. A cidade, Clara, se levantou. E se ergueu tão alta que a própria guerra... não pode esconder a sua sombra.

(João Ribeiro Chaves Netto, *A Patética*)

Perfil Psicológico:
A Psique Judaica no Discurso do Preconceito
Racionalizado e Não Racionalizado

> *Para o antissemita o judeu é uma "prancha de Rorschach" viva. As qualidades atribuídas aos judeus (talvez reais, às vezes) são tão variadas e contraditórias, tão ambíguas e indefinidas que, pode-se dizer, o antissemita vê no judeu tudo quanto necessita ver.*
>
> M. JAHODA e N. ACKERMAN[36]

O perfil psicológico do judeu no teatro brasileiro pode ser delineado a partir da análise dos diferentes estereótipos utilizados para retratar a personagem. O conjunto de estereótipos detectados forma imagens, tanto negativas quanto positivas, que se caracterizam por sua diversidade e contradição. Além disso, essas imagens projetadas podem ser divididas em dois grupos principais, constituídos em função da gênese e dos objetivos com que elas surgem nos textos dramatúrgicos analisados. Pode-se, desse modo, caracterizar o perfil psicológico da personagem mediante sua concordância com fatores ora racionais, ora irracionais.

36. *Distúrbios Emocionais e Antissemitismo*, p. 96-97.

Existem, de acordo com a bibliografia consultada, como, por exemplo, *A Personalidade Autoritária*, *Distúrbios Emocionais e Antissemitismo* e "A Origem dos Preconceitos", duas formas principais de expressão do preconceito.

Quando nos deparamos com uma caracterização positiva ou negativa, baseada na tradição ou fruto da ignorância de um dramaturgo, podemos afirmar, de acordo com Arnold Rose[37], que existe um fundo racional para sua utilização, mesmo que incorreta – trata-se da aceitação passiva e acrítica de estereótipos comuns ao grupo em que se vive. Quando, porém, as imagens detectadas são fruto de uma atitude ideológica mais elaborada, quando têm por função preencher uma necessidade psicológica de quem as utiliza, pode-se falar em seu emprego "irracional". Seria exemplo deste último aspecto a utilização de estereótipos enquanto mecanismos de defesa, também objeto de nossa análise neste perfil.

Algumas peças com temática religiosa que enfocam o advento do cristianismo podem exemplificar de modo preciso o aspecto racional do perfil da personagem. Conforme mencionado no perfil religioso do judeu, esse tipo de dramaturgia é geralmente pouco elaborado esteticamente e apresenta interpretações inverídicas de dados históricos e culturais.

Desse modo, em diversos textos, temos aliado ao desconhecimento sobre o tema tratado significativas doses de tradição que norteiam a concepção de seus autores. Torna-se possível, porém, detectar casos relacionados à ignorância dos fatos narrados, de atitudes mais preconceituosas. Estas acorrem quando se manipula certos dados com intenção antissemita – as imagens estereotipadas deixam, então, de se subordinar ao desconhecimento e passam a refletir manifestações de hostilidade contra os judeus. A linha que delimita, nesses textos, a utilização racional ou irracional de preconceitos é muito tênue, mas identificável.

---

37. A Origem dos Preconceitos, op. cit., p. 164s.

Um exemplo de preconceito racional pode ser encontrado na peça *O Manto de Cristo*, de Pedro Spina, que confunde celebrações religiosas judaicas com as cristãs, atribuindo constantemente aos judeus hábitos e crenças do cristianismo. Embora esta seja colocada em posição de superioridade frente ao judaísmo, nota-se que o fato se deve, principalmente, à ausência de informações do autor e à sua postura tradicional.

Já no texto *Maria Madalena*, de Batista Cepelos, a preocupação do autor em especificar o caráter dos judeus não pode ser atribuída apenas à ignorância ou à tradição preconceituosa, como no excerto:

JESUS: Eu sou o semeador de um trigo eterno.
JOÃO: Mas, estamos cercados de traidores! [...] Mestre, Jerusalém é horrenda e agreste! Deixemo-la, e esta gente sem piedade pereça, dizimada pela peste.

No Calvário, o autor descreve a atuação dos judeus diante da crucificação de Jesus:

TODOS (*em altos brados*): Morra Jesus!
Morra o farsante!
Não viva mais nenhum instante!
Despedacemo-lo na cruz! [...]
UM VELHO JUDEU: Que medonho trovão e que horizontes torvos.
Vamos! Adeus Jesus! Recomendo-te aos corvos!

Nesses casos, em que a aversão e a hostilidade injustificadas são os elementos definidores da narrativa, pode-se concluir pela finalidade irracional do preconceito.

A partir dos exemplos mencionados, nota-se a existência de uma gradação entre a função racional e irracional do preconceito – a última é mais contundente e assume um linguajar caracteristicamente antissemita. Além disso, a irracionalidade das manifestações fica patente na medida em que elas não são calcadas em dados objetivos, que correspondam à realidade, mas sim em posicionamentos individuais e não justificados.

A maior parte das referências à denominada "raça judia", analisadas no perfil antropológico, enquadram-se, também, nessa postura irracional – generalizações não fundamentadas cientificamente são construídas e elas passam a nortear os sentimentos e as atitudes de diversas personagens.

Roderigo, o herói do drama *Vitiza ou O Nero de Espanha*, de Martins Pena, por exemplo, recusa o amor de Sara baseando-se em duas causas poderosas: em primeiro lugar, por ela ser judia; e, depois, por ter supostamente assassinado sua amada, Aldozinda:

RODERIGO: […] E pensaste
Que tão vil fosse que pudesse amar-te?
Já te esqueceste de que raça és filha,
Que és judia e que o sangue de Aldozinda por tuas mãos correu, que és assassina?

O caso do bode expiatório, analisado quando de sua utilização para fins políticos – um meio de se obter vantagens materiais e ou sociais – pode ser também retomado com intenção psicológica. Nesse caso, o judeu se torna um símbolo de tudo o que incomoda o antissemita, um substituto para todas as suas frustrações. Temos, então, um caso de mecanismo de defesa projetivo que tem por função deslocar a agressividade que seria descarregada sobre o próprio indivíduo para a figura do judeu[38].

O texto de Martins Pena, já mencionado, exemplifica essa atitude ao descrever a tentativa de linchamento do judeu Samuel, que, por momentos, canaliza todo o ódio e a insatisfação de um povo, na realidade revoltado contra as medidas econômicas de um governo tirano[39].

38. Conceituação baseada no estudo de M. Jahoda; N. Ackerman, op. cit., p. 93s.

39. Outro exemplo preciso desse mecanismo de defesa encontra-se em um texto pertencente à dramaturgia portuguesa. A peça *O Judeu*, de Bernardo Santareno, que narra a vida e martírio do dramaturgo Antonio José da Silva, descreve o próprio funcionamento da atitude preconceituosa

Uma tentativa de desmitificação dessa atitude pode ser detectada no texto de Raimundo Magalhães Jr., *Um Judeu*. Todas as acusações preconceituosas relativas ao caráter judeu são criticadas e, no decorrer da peça, o autor aponta ainda uma das causas de sua adoção:

DISRAELI: [...] Os que os desprezam e combatem [os judeus], o fazem por medo... E de onde vem esse medo? Da ausência de qualidades para concorrer com o judeu...

O estudo de Erving Goffman sobre indivíduos estigmatizados pela sociedade alude também à concorrência social como causa de adoção de medidas discriminatórias: "a estigmatização de membros de certos grupos raciais, religiosos ou étnicos tem funcionado, aparentemente, como um meio de afastar essas minorias de diversas vias de competição"[40].

O medo da competição, avivado pelas relações sociais entre grupos diferentes, é uma das causas geradoras de mecanismos de defesa, afora as causas psicológicas individuais propriamente ditas. Esse temor, além de gerar manifestações hostis, é também responsável por uma significativa inversão de valores – certos atributos considerados positivos para a maior parte das pessoas podem se transformar em defeitos quando pertencem aos judeus:

Assim, a primeira e quiçá mais importante contribuição do meio cultural à existência do antissemitismo consiste na perpetuação de uma imagem estereotipada do judeu. É como se os antissemitas lançassem sobre o judeu um anátema que tornasse condenáveis até suas "boas" qualidades.[41]

---

contra a personagem judia, com o intuito de criticá-la. Assim: "– O Povo: A terra está seca! / Mais dura que a sola! / Nem pinga de chuva! / Nunca se viu praga tamanha! / Nem uma espiga de pão! / Nem uma couve! / Até a erva murchou! / Morre tudo de fome e sede! / A minha cabra! / As galinhas! / O meu burro! / Castigo! Castigo! Castigo de Deus! / São eles! Judeus malditos! / Morte aos judeus! Aos judeus! Aos judeus!"

40. *Estigma*, p. 150.

41. M. Jahoda; N. Ackerman, op. cit., p. 117.

Novamente, o texto de Raimundo Magalhães Jr. denuncia esse mecanismo de defesa antissemita:

DISRAELI: Os judeus sabem pensar, e isto é um crime. Os judeus sabem negociar, e isto é outro crime. Os judeus sabem poupar, e isto é outro crime. Somos os maiores criminosos do mundo, não digo eu próprio, que só tenho dívidas, mas a minha raça. E ah! Se todas as raças pudessem se gloriar de tais crimes!

O indivíduo, sentindo-se inferiorizado, desloca sua agressividade para a figura do judeu, com o propósito de disfarçar sua própria fraqueza. O judeu simbolizaria, então, tudo aquilo que ele não possui.

Outros mecanismos psicológicos podem ser detectados a partir da análise de nosso material dramatúrgico. Um deles é o mecanismo defensivo de compensação que funciona de modo a tornar similares indivíduos que se diferenciariam entre si, quer por posições sociais, quer por atributos intelectuais. Na peça *Vitiza ou O Nero de Espanha*, de Martins Pena, o povo inferiorizado pela miséria e falta de liberdade, fruto de um governo corrupto, sente-se momentaneamente superior aos judeus – "ao representar o israelita como ladrão, colocam-se na invejável posição das pessoas que poderiam ser roubadas[42]". Como, por exemplo:

PRIMEIRO HOMEM DO POVO: Mas o braço
Não fere sem punhal. Demais o sangue
Em nossas veias ferve, quando ouvimos
Falar nesses judeus que nos odeiam
E que roubam da indústria os nossos bens
Como um povo descrido e forasteiro.

Em todos os casos assinalados de utilização racional ou irracional do preconceito, observa-se uma tendência a generalizações que atribuem a todo um grupo características pertencentes a um indivíduo. Essas generalizações, construídas com total ausência de rigor científico,

42. Ibidem, p. 97.

são responsáveis por imagens diversas e contraditórias da personagem.

Baseando-nos no exemplo analisado no perfil ético do judeu, em que uma mesma analogia entre o judeu e o deserto dá margem a duas interpretações opostas, podemos afirmar que o judeu ora é visto como insensível e fraco, ora como forte e valoroso. A contradição de imagens, também presente no perfil político, torna a personagem, concomitantemente, capitalista internacional e revolucionário de esquerda.

As ideias estereotipadas negativas sobre os judeus, que se formaram na era cristã e transmitiram-se de geração em geração, são artificiais e contraditórias ao extremo. Assim, em nossa cultura se considera simultaneamente que judeus são "triunfadores" e "desprezíveis", que são "capitalistas" e "comunistas", "exclusivistas" e "intrusos na sociedade", que seguem as mais altas normas morais e espirituais e que têm "instintos baixos e primitivos, como a cobiça e a mesquinhez"; que são "demasiado sexuais" e que são "impotentes", "masculinos" e "femininos"; "fortes" e "fracos", que são "onipotentes e oniscientes como magos e possuem misteriosos poderes diabólicos, mas que são incrivelmente fracos e indefesos e por isso fáceis de combater e aniquilar"!

Qualquer que seja a causa primitiva de tão contraditório estereótipo (provavelmente fomentado pelas vicissitudes da história dos judeus, já que por séculos e séculos se viram obrigados a desempenhar papéis muito diversos em diferentes cenários culturais, ao mesmo tempo que conservavam costumes tradicionais e estranhos), são essas características de sua história que fazem com que os judeus constituam um alvo de projeção adequadíssimo para os conflitos do homem moderno.

Para o antissemita o judeu é uma "prancha de Rorschach" viva. As qualidades atribuídas aos judeus (talvez reais, às vezes) são tão variadas e contraditórias, tão ambíguas e indefinidas que, pode-se dizer: o antissemita vê no judeu tudo quanto necessita ver.[43]

Outras vezes, priva-se o judeu de qualquer característica humana, atribuindo-lhe qualidades misteriosas ou

43. Ibidem, p. 96-97.

demoníacas. O primeiro caso a ser citado é o da "estranha e misteriosa beleza" da mulher judia, objeto de nossa análise no "perfil antropológico" da personagem. Já em outros textos, encontramos a diabolização da figura do judeu, geralmente como resultado da atribuição do deicídio aos judeus e de sua identificação com a figura de Judas, como no exemplo abaixo:

CLEMENTE: Usurário do Inferno.
   – Demônio da usura!
   – Oh! esses usurários, almas danadas do inferno, venderiam o Cristo como Judas, por trinta dinheiros!

(Martins Pena, *O Usurário*)

Ou, então:

PRIMEIRO JUDEU: Abraão é nosso pai.
JESUS: Vosso pai é o demônio.
   E dele quereis cumprir os desejos
   Esses não permanecem na verdade
   Porque não há verdade neles.

(Luís Peixoto, *A Paixão*)

Já nas comédias *As Relações Naturais* e *Certa Entidade em Busca de Outra*, de Qorpo-Santo, judeu e demônio aparecem como sinônimos, sem que haja qualquer motivo de ordem religiosa ou econômica para a adoção do processo de diabolização da personagem. Na realidade, não detectamos nenhuma personagem judia nas peças; o termo "judeu" é empregado como uma ofensa pessoal, sempre com intenção pejorativa, como vemos:

INESPERTO: [...] vá se embora daqui para fora, senão o matam, seu judeu errante!
MALHERBE: Este diabo está hoje com o demônio nas tripas!... Ó Judas, dize-me o que cometeste hoje?... Que diabo tens hoje? Estás bêbado?
MARIPOSA: Ih!... que espalhafato fez o judeu hoje...!

(*As Relações Naturais*)

BRÁS (*batendo na porta, fazendo esforço para abrir, gritando*): Satanás! Satanás! Ó Diabo! Trancaste-me a porta!? Judeu! Que é isto ó Diabo! Abre-me a porta, senão te engulo!...

(*Certa Entidade em Busca de Outra*)

De acordo com Arnold Rose,

uma das características do preconceito é a de se fazer acompanhar por sentimentos de temor e de angústia em face dos grupos que são vítimas dele. Na Europa, na Idade Média, muitas pessoas aterrorizavam-se a si próprias, e aterrorizavam os outros, ao imaginarem que os judeus eram cúmplices do demônio e procediam a sacrifícios rituais de crianças cristãs. Na época moderna, muitos nazistas de segundo plano estavam convencidos de que os judeus participavam de uma conspiração internacional visando a reduzir a Alemanha à escravatura.[44]

Esse sentimento de temor ao diferente, responsável por manifestações de hostilidade de palavra ou de ação, vem, muitas vezes, aliado a uma intensa admiração pelo judaísmo. Pode-se observar, nesses casos, que o grau de repulsa varia na mesma proporção que o de fascínio. Na peça *Ódio e Raça*, de Henrique Adre, por exemplo, aparece a personagem de um egípcio que, depois de relatar e condenar todos os perigos provenientes do judaísmo e do sionismo – sua ligação com o terrorismo, seu sentimento de superioridade, sua conduta expansionista etc. –, confessa grande admiração pelo objeto de sua hostilidade:

FÁBIO: [...] Não me envergonho de confessar que é a mais fantástica instituição sobre a terra. Se me for possível, eu seria o seu mais vaidoso adepto, porque estou convicto de que o mundo é dos mais vivos.

Outro caso detectado da relação repulsa/fascínio ao judaísmo, bastante similar ao anterior, pode ser encontrado na peça *A Vingança do Judeu*, de Augusto Vamprê. Valéria,

---

44. A Origem dos Preconceitos, op. cit, p. 178.

uma nobre arruinada, recusa o pedido de casamento do banqueiro Samuel Mayer. Ofende-o de várias maneiras, lembrando-lhe que "a nódoa de seu nascimento" tornava impossível qualquer união entre eles. Tempos depois, porém, ela se apaixona pelo judeu e decide aceitá-lo como esposo, apesar da proibição de sua família.

O último aspecto do perfil psicológico do judeu encontra-se também nesse texto dramático. Trata-se de um tipo de mecanismo defensivo manifestado pelos próprios judeus, e denominado de "autorrepúdio" por Jahoda e Ackerman[45]. Esse antissemitismo dos judeus teria como função adaptar o indivíduo ao grupo que ele aspira pertencer. Desse modo, Samuel Mayer concorda com Valéria quando esta o rejeita por motivos "raciais". Mas, quando a jovem resolve corresponder a seu amor, ele se sente inferiorizado, indigno desse sentimento:

SAMUEL: Sim. Tem razão. O judeu deve esconder-se. Não poderá ser visto pelas pessoas de suas relações. Não, não! Se eu a visse ajoelhada aos meus pés, não ousaria erguê-la com as minhas mãos impuras... sujas mãos de judeu...

Após o casamento de Valéria com um príncipe, união esta aceita socialmente, Samuel decide vingar-se. Rapta o filho recém-nascido do casal e planeja criá-lo como seu próprio filho para, mais tarde, devolvê-lo como um "sórdido judeu":

SAMUEL: [...] Roubando seu filho, príncipe, eu tencionava fazer dele um sórdido judeu, fingido... depois eu o devolveria dizendo: Veja. Tudo quanto foi desprezado no judeu de nascimento, ei-lo inculcado no seu próprio filho. Recebe esse principezinho gangrenado, a quem o sangue azul, nobre e ilustre, não livrou das consequências da educação e das circunstâncias...

---

45. M. Jahoda; N. Ackerman, op. cit., p. 122-123. Análise dos autores baseada no caso de um paciente judeu que apresentava violentas reações antissemitas.

O texto apresenta a personagem de um judeu que assume as imagens preconceituosas projetadas pela sociedade que o cerca, ao mesmo tempo que rejeita sua própria imagem:

> Em flagrante contradição com a realidade, sua confusão sobre a própria personalidade lhe permite sentir-se fora do grupo judeu. Com essa ilusão, já se encontra em condições de projetar "más" qualidades sobre os judeus e de colocar-se em consonância com a maioria representada aos seus olhos pelos antissemitas não judeus.[46]

As imagens racionais e irracionais detectadas na dramaturgia brasileira relativas à figura do judeu traduzem, muitas vezes, uma postura preconceituosa de seus autores, na medida em que os estereótipos utilizados para caracterizar a personagem não correspondem a dados objetivos ou justificados. Por outro lado, a presença de visões positivas e negativas com relação ao judeu nos fornece um quadro bastante rico para uma análise psicológica, na qual a personagem assume o perfil que lhe é imposto, e que varia em diversidade e contradição a ponto de descaracterizar o judeu enquanto indivíduo e transformá-lo em configuração mítica.

---

46. Ibidem, p. 123.

OS PERFIS DO CRISTÃO-NOVO
NO TEATRO BRASILEIRO

*A máscara cristão-novo esconde um judeu velho,
um herege relapso, hipócrita, diminuto e obsti-
nado, morada fedorenta do demônio, profanador
irremisso do Sacramento do Baptismo!*

BERNARDO SANTARENO[1]

A presença da personagem do cristão-novo no teatro brasileiro é esporádica. Surge, pela primeira vez, no século
XVII, na peça *Hay Amigo Para Amigo*, de Manuel Botelho
de Oliveira[2], e, a seguir, só no século XIX em *Antonio José
ou O Poeta e a Inquisição*, de Gonçalves de Magalhães. No

---

1. *O Judeu.*
2. É considerado o primeiro comediógrafo brasileiro. Suas comédias
foram escritas em espanhol e, segundo S. Magaldi, *Panorama do Teatro
Brasileiro*, p. 25, elas "observam modelos hispânicos, e não parece que
tenham sido representadas".

século xx, reencontramos a personagem em *O Santo Inquérito*, de Dias Gomes, e breves alusões ao fenômeno cristão-novo nas peças *As Confrarias*, de Jorge Andrade, e *Calabar*, de Chico Buarque e Ruy Guerra. Desse modo, com exceção de *Antonio José ou O Poeta e a Inquisição* e *O Santo Inquérito*, em que o cristão-novo é protagonista do texto, nas outras peças ele aparece como uma referência elucidativa ao desenrolar da ação dramática.

Todos os textos mencionados projetam uma imagem relevante para a caracterização da personagem, quer com o intuito de criticá-la, quer pela aceitação de sua veracidade – trata-se da dissimulação. O cristão-novo é o indivíduo que finge ser aquilo que na realidade não é. Essa generalização na concepção da personagem parte do princípio de que o cristão-novo continua apegado à tradição judaica, a qual reverencia secretamente e, por uma questão de sobrevivência, ele se mascara de piedoso cristão.

Partindo dessa assertiva, o texto *Hay Amigo Para Amigo* enumera os males desse mundo: o advogado desonesto, o médico que "vive de matar", o sofrimento dos maridos, o mercador esperto e corrupto etc., e o "judio" que quer se passar por cristão:

ROSTRO: [...]
    Oitavo, um judeu falso
    que se mascara de cristão fervoroso
    e tem o rosário na mão
    e sua Lei (Torá) no peito.[3]

Ou, ainda, na peça *O Santo Inquérito*, de Dias Gomes:

VISITADOR: [...] Estão aí os cristãos-novos, judeus falsamente convertidos, mas secretamente seguindo os cultos e a lei de Moisés...

---

3. ROSTRO: [...] / Octavo, um judio acecho / Muy santarrón de cristiano / Con el Rosário en la mano / Y con su ley en el pecho.

A máscara de falsidade atribuída ao cristão-novo irá subordinar suas atitudes e concepções de vida, além de caracterizar todos os perfis que compõem o retrato da personagem.

Perfil Religioso

Partindo do pressuposto de que as convicções religiosas (cristãs) da personagem são falsas, ela é definida como herege:

SIMÃO: Quem nos protege é Deus, ninguém mais.

PE. BERNARDO: Isso não é verdade. A virgem também nos protege e também os Santos da Igreja [...] É preciso muito cuidado com essas afirmações, Simão, porque frequentemente as ouvimos da boca de hereges.

(Dias Gomes, *O Santo Inquérito*)

Como o cristão-novo professa dogmas contrários aos aceitos pela Igreja, seu comportamento é sempre visto com desconfiança pelo cristão-velho, guardião dos valores e tradições cristãs. O cristão-novo se torna, portanto, um indivíduo permanentemente sob suspeita. O mesmo texto dramático exemplifica esse aspecto.

Branca Dias interroga o pai sobre o motivo de suas preocupações com o Santo Ofício. A seu ver, não haveria nada a temer, posto que eles são cristãos. Simão, porém, discorda da filha:

SIMÃO: Cristãos-novos, ele frisou bem. Eles não confiam em nós, em nossa sinceridade. Estamos sempre sob suspeita.

Os possíveis deslizes de comportamento do cristão-novo variam desde a guarda do sábado judaico à prática de jejum em dias determinados, à observância de certos rituais funerários, até o fato de não comerem carne de porco e outras. Esses usos e costumes judaicos foram registrados pelo Santo Ofício em um código – o "Monitório" – que orientava as denúncias efetivadas pelo cristão-velho[4].

É também com base nesse código que Branca Dias vai ser identificada como cristã-nova e levada a julgamento:

VISITADOR: Come carne em dias de preceito?
– Mata galinha com cutelo?
– Come toicinho, lebre, coelho, polvo, arraia, aves afogadas?
– Toma banho às sextas-feiras?

O interrogatório então propicia à personagem certas recordações de infância, dados acusadores que a incriminam perante o Tribunal do Santo Ofício. Branca se recorda que seu avô escorregava lentamente a mão pelo seu rosto, para abençoá-la, bem como a elogiava, comparando sua beleza à da rainha de Sabá. Na morte do avô, havia "um cheiro ativo de azeitonas e um frio aqui acima do estômago [...] Pediu que botassem uma moeda na sua boca, quando morresse."

De acordo com o "Monitório", judaizava aquele que, por ocasião da morte de parentes ou amigos, comia "pescado, ovos e azeitonas por amargura" ou, ainda, quando colocava na boca do morto "um grão de aljôfar ou dinheiro d'ouro ou prata, dizendo que é para pagar a primeira pousada"[5].

Com base nesses tipos de delito, Branca Dias e o dramaturgo Antonio José da Silva – "Porque em vez de seguir a lei de Christo, sigo a lei de Moysés!..." – são condenados à fogueira dos autos de fé. No final da peça de Gonçalves de Magalhães, Antonio José recebe o sambenito das mãos de um guarda, sendo esta a única alusão detectada na dramaturgia brasileira à veste estigmatizadora com que a Inquisição discriminou os cristãos-novos.

4. Segue, anexo, ao final deste capítulo, o Código elaborado pelo Santo Ofício e intitulado: Monitório do Inquisidor Geral, d. Diogo da Silva, datado de Évora, 18 de novembro de 1536 e transcrito no estudo de L. da Câmara Cascudo, *Mouros, Franceses e Judeus*, p. 94.

5. Cf., anexo, o Código do Santo Ofício.

Perfil Econômico-Social

Assim como a personagem é dissimulada ante a religiosidade cristã, ela o é também ante a sociedade de um modo geral. Visto com desconfiança, pois a suposição é que sempre age falsamente, o cristão-novo, em última instância, não é aceito no âmbito dos cristãos-velhos.

Essa discriminação social pode ser detectada na peça *Calabar*, de Chico Buarque e Ruy Guerra, em que surge também apontada uma das causas do procedimento: a concorrência econômica encarnada pelo cristão-novo. Desse modo, uma denúncia ao Santo Ofício equivale a um competidor a menos, como o diálogo abaixo deixa claro:

CONSULTOR: [...] Souberam com escândalo que aqui se dá liberdade aos judeus como em nenhuma outra parte do mundo. E que, aproveitando-se disso, os cristãos-novos que fugiram da Inquisição na Europa, aqui se circuncidam em praça pública, ufanando-se de se declararem novamente judeus.

FREI: Isto é realmente deplorável.

CONSULTOR: Estranho que um português deplore isto. Dizem os espanhóis que o português nasceu da ventosidade de um judeu.

NASSAU: Um momento! Não se esqueça de que o frei Manoel é hóspede meu (*pausa*). Continue.

CONSULTOR: Há quem ache injusto que a Cia. das Índias Ocidentais arque com a totalidade das despesas de guerra e de ocupação, enquanto judeus, comerciantes livres e contrabandistas ficam com todos os lucros.

Esse texto aponta a hipótese segundo a qual a religião teria sido um pretexto para encobrir as verdadeiras causas da perseguição aos cristãos-novos, que seriam as sociais, teoria defendida por Antonio José Saraiva em seu estudo sobre os cristãos-novos portugueses. A historiadora Anita Novinsky também aceita a hipótese e afirma:

o cristão-novo herege, criptojudeu ou "judaizante" foi um mito criado pela Inquisição em defesa contra o avanço da classe burguesa em ascensão, cujo núcleo principal era constituído por elementos de origem judaica. A religião foi um pretexto para encobrir o verdadeiro motor: a luta de classe[6].

Qualquer que tenha sido a causa da perseguição aos cristãos-novos – religiosa e/ou econômica e/ou política – podemos afirmar que o teatro brasileiro apresenta uma personagem estigmatizada por seu comportamento "diferente". No século XVII, a figura é marcada pela diferenciação religiosa. No século XIX, aos fatores religiosos somam-se motivações pessoais, como, por exemplo, a inveja provocada pelo sucesso do dramaturgo Antonio José ou, ainda, por sua crítica ferina à sociedade portuguesa da época. Já no século XX, retoma-se o fator religioso e se introduz motivos econômico-sociais e políticos para justificar as medidas tomadas pelo Santo Ofício no Brasil.

Perfil Antropológico

O teatro brasileiro até o século XX não faz distinção entre judeu e cristão-novo. Tanto em *Hay Amigo Para Amigo* quanto em *Antonio José ou O Poeta e a Inquisição*, a concepção religiosa é que define a personagem como judia.

A caracterização de Antonio José como judeu e não como cristão-novo poderia ser explicada pelo desconhecimento de Gonçalves de Magalhães dos processos dos judaizantes brasileiros. A peça foi escrita em 1838, ao passo que a descoberta dos processos data de 1844, sendo que sua publicação só foi efetivada em 1865. Desse modo,

Antonio José criado por Magalhães é judeu, que se reconhece como tal, endossando a "lei de Moysés", disposto a sofrer o martírio da fé, enquanto o Antonio José da Silva histórico é cristão-novo, discriminado por sua ascendência e incriminado por uma prática religiosa que provavelmente nunca exerceu[7].

6. A. Novinsky, *Cristãos Novos na Bahia*, p. 5-6.
7. K. Windmüller, *O Judeu no Teatro Romântico Brasileiro*, p. 63.

102

A dramaturgia do século xx introduz o conceito de marginalidade ao caracterizar a personagem do cristão--novo. Ele seria o "indivíduo a quem o destino condenou a viver em duas sociedades e em duas culturas não só diferentes, mas antagônicas". Desse modo, o homem marginal nunca se identifica completamente com seu meio, o que o torna capaz "de julgá-lo com certo desprendimento crítico"[8].

Branca Dias, protagonista de *O Santo Inquérito*, é cristã de terceira geração – seu avô fora convertido à força em Lisboa, antes de sua vinda para o Brasil. Suas convicções religiosas são cristãs, embora apresentem aspectos judaizantes. Em seus diálogos com o Padre Bernardo, Branca se refere apenas a Deus, o que provoca nele a suspeita de sua descendência judaica. Quando a jovem se recorda de episódios de sua infância, de seu relacionamento com o avô, Padre Bernardo não alimenta mais dúvidas – trata-se de uma herege, enquadrada várias vezes em artigos do "Monitório" e que talvez possa ser recuperada. A personagem, porém, não é condenada por assumir seu judaísmo, mas por sua recusa em aceitar as faltas que lhe são imputadas. Sua resistência é um protesto contra o Santo Ofício, que pretendia moldar todos os homens às suas convicções.

Perfil Político

As atitudes de discriminação contra a personagem do cristão-novo são também analisadas do ponto de vista político no texto de Dias Gomes. Como o cristão-novo apresenta atitudes e convicções "diferentes" do padrão estabelecido – o do cristão-velho –, ele representaria uma ameaça aos valores constituídos:

VISITADOR: A Igreja, Branca, a sua Igreja, está diante de um perigo crescente e ameaçador. Toda a sociedade humana, a ordem social e religiosa, construída com imensos esforços, toda a

---

8. E. Stonequist, *O Homem Marginal*, p. 29.

civilização e cultura do Ocidente, o progresso, a união e a paz, estão ameaçados de dissolução. [...] Está aí o protestantismo minando os alicerces da religião de Cristo. Estão aí os cristãos-novos, judeus falsamente convertidos.

A ameaça representada pelo cristão-novo justifica, então, o emprego de medidas extremas por parte da Inquisição, a eliminação dos inimigos da fé cristã, com o intuito de preservar os valores do grupo contra o perigo proveniente do exogrupo:

VISITADOR: [...] Declara-se ainda inocente porque quer impor-nos a sua heresia, como todos os de sua raça. Como todos os que pretendem enfraquecer a religião e a sociedade pela subversão e pela anarquia.

A Coroa e o clero dão início à perseguição contra os cristãos-novos, apontando-os aos cristãos-velhos como uma ameaça à continuidade da sociedade cristã por eles representada. Criam uma rivalidade e um conflito entre os dois grupos, que se creem antagônicos, abrindo caminho para que as medidas de discriminação adotadas pelo Santo Ofício sejam bem-vindas e instigadas. Para os cristãos-velhos, uma denúncia à Inquisição equivalia a uma recompensa divina pelo mérito da ação. Para a Inquisição e a Coroa, a denúncia traria como consequência a divisão dos bens confiscados aos cristãos-novos.

Um exemplo de discriminação religiosa com raiz política encontra-se na aplicação dos estatutos de pureza de sangue que vedavam aos cristãos-novos o ingresso em determinadas carreiras públicas, políticas e religiosas. Através dos Processos de Habilitação de Gênese, os cristãos-novos, e outros, precisavam comprovar a limpeza de seu sangue por gerações, sem o que ficariam à margem do processo social.

O texto *As Confrarias*, de Jorge Andrade, exemplifica esse aspecto, ao descrever os requisitos necessários ao ingresso em uma dessas confrarias. O pretendente não poderia ter:

– [...] Ascendente mouro, judeu, carijó, negro ou cabra, ou de outra infecta nação.

– Que Deus todo-poderoso nos livre deles [...] sangue impuro...

Após um longo interrogatório, o Provedor dirige-se à personagem Marta, recusando seu ingresso na corporação:

PROVEDOR: Pelo desembaraço e pouca religião de que muitas vezes deu provas, posso afirmar: seus pais foram cristãos-novos.

Marginalizado e sofrendo toda série de perseguições, o cristão-novo é obrigado a assumir o estigma que a sociedade lhe conferiu, e que irá paulatinamente se enfraquecendo até sua abolição a partir do século XIX.

A atuação do Tribunal da Inquisição não pode, porém, ser reduzida aos planos meramente religioso ou econômico, conforme assinala Anita Novinsky:

a nobreza e o clero tinham interesses espirituais e materiais na Inquisição, como também o tinham os burocratas que tiravam toda sorte de vantagens de suas posições de agentes, como tinham também a massa da população cristã-velha [...] A Inquisição conseguiu impor-se durante tantos séculos e com tal força porque tinha uma finalidade eminentemente sociológica. Era a confirmação da ética católica e da doutrina da salvação, e estava em harmonia com a posição social dos miseráveis cristãos-velhos em sua competição com a classe média cristã-nova [...] Assim, o tribunal utilizou a religião para legitimar a ordem arbitrária sobre a qual o sistema político de dominação se fundava e onde não havia lugar legal para os cristãos--novos, judeus, muçulmanos, negros, mulatos e ciganos, heterodoxos ou contestatórios de qualquer tipo. Através de seus sistemas de ameaças, o grupo dominante garantia a continuidade do regime no poder e a religião preencheu sua função político-ideológica[9].

Perfil Ético

A falsidade da personagem é o traço mais significativo de seu caráter. Ele é falso cristão, secreto praticante do judaísmo e

9. Anti-semitismo e Ideologia, *O Estado de S. Paulo*, 5 nov. 1978.

hipócrita em suas relações sociais. Além disso, por ser severamente vigiado, o cristão-novo age sempre com prudência e cautela, medindo as palavras e ações e vivendo num constante clima de terror, pois pode ser desmascarado a qualquer instante. "O temor é um legado de nossa raça... Eles não confiam em nós, em nossa sinceridade [...]" (*O Santo Inquérito*)

As suspeitas que recaem sobre a personagem não são meramente de ordem religiosa, ela precisa inclusive comprovar a sua honestidade profissional nos casos de acusação de enriquecimento ilícito:

SIMÃO: Meu caminho é o da fé cristã, caminho abraçado por meus antepassados.

PE. BERNARDO: Não por todos os seus antepassados. Seus avôs não eram cristãos, seguiam a lei mosaica.

SIMÃO: Sim, mas os meus pais se converteram [...] já eram cristãos quando aqui chegaram.

PE. BERNARDO: Cristãos-novos. Chegaram pobres e logo enriqueceram.

SIMÃO: Honestamente.

(Dias Gomes, *O Santo Inquérito*)

Dotando o cristão-novo apenas de qualidades morais negativas, a sociedade cristã-velha poderia, então, denunciá-lo sem remorsos e com a certeza de estar prestando um bem à humanidade, livrando-a do pecado e da heresia. "Os preconceitos raciais e religiosos, ao canalizar a hostilidade para os de fora do grupo, contribuem para a estabilidade das estruturas sociais existentes."[10]

Perfil Psicológico

Estranhas qualidades e poderes são atribuídos à personagem, contrastando-a com o "homem comum", assim como

10. T.W. Adorno et al., *La Personalidad Autoritaria*, p.14.

era concebido o cristão da época. O cristão-novo é sempre visto como "diferente" e, por isso, apresenta um comportamento divergente tanto do ponto de vista moral quanto psicológico.

Psicologicamente, pode-se notar uma associação da personagem – dentro de um aspecto passional – com demonismo e feitiçaria:

– É muito fácil apresentar esta moça como um anjo de candura e a nós como bestas sanguinárias. Nós que tudo fizemos para salvá-la, para arrancar o demônio de seu corpo. E se não conseguimos, se ela não quis separar-se dele, de Satanás, temos ou não o direito de castigá-la?[11]

A diabolização da personagem do cristão-novo surge, inicialmente, ligada a aspectos físicos, para depois estender-se a traços de personalidade e atitudes. Padre Bernardo é uma das testemunhas arroladas pelo Tribunal do Santo Ofício para comprovar que as estranhas ligações da cristã-nova Branca Dias com o "Demônio" representavam um perigo de contaminação para os cristãos:

PE. BERNARDO: Seu corpo queimava...
Sim, o Demônio pode não falar, mas é ele quem a empurra para o rio e a obriga a despir-se!

Branca se defende da acusação:

BRANCA: Capim molhado... Vocês não acham que se eu estivesse possuída do Demônio meus cabelos deviam cheirar a enxofre?

A atribuição à personagem de características demoníacas reflete, além do medo ao "diferente", um sentimento de ódio contra ela, fenômeno similar ao existente contra os judeus e descrito por Rodolphe Loewenstein:

11. Esse exemplo, bem como os demais utilizados para a confecção do perfil psicológico da personagem, é oriundo da peça *O Santo Inquérito*, de Dias Gomes.

Na Idade Média, o judeu era visto como um feiticeiro, mágico, assassino, canibal e inimigo da humanidade. Acabou-se por não mais considerá-lo como ser humano. Nas épocas em que se acreditava no Diabo, nos súcubos e nos íncubos, atribuíam-se, o mais seriamente possível, aos judeus particularidades anatômicas extravagantes, tais como cauda cuidadosamente escondida ou ainda doenças e anomalias misteriosas. Dessa maneira, acreditava-se que os judeus do sexo masculino tinham regras. Algumas dessas crenças mantêm-se até os dias de hoje.[12]

A crença no caráter demoníaco da figura do cristão-novo deixa transparecer também, além dos fatores de hostilidade descritos, uma profunda atração física, aliada à tentação e ao pecado. Para Padre Bernardo, Branca Dias representa a tentação do poder demoníaco que pode afastá-lo da Igreja. Ao sentir-se seduzido pela cristã-nova, ele procura purificar-se de seus sentimentos pecaminosos, denunciando-a e propiciando sua punição pelo Santo Ofício:

PE. BERNARDO: Sua arrogância mostra que o Demônio ainda não a abandonou.

PE. BERNARDO: Temo, sinceramente, que o diabo tenha já avançado demais...

PE. BERNARDO: Você já contaminou outras pessoas [...] E continuará contaminando muitas outras, porque basta aproximar-se de você para cair no pecado.

PE. BERNARDO: Queimei-os [os lábios] com água fervendo [...] Para eliminar o gosto impuro dos seus lábios. Mas o gosto persiste. Persiste.

O pai de Branca, por outro lado, é acusado de feitiçaria. Ao examinarem a água da bacia em que Simão teria se banhado na sexta-feira, os representantes do Santo Ofício concluem que seu aspecto turvo se deve à colocação de "algum pó mirífico para a invocação do Diabo".

12. R. Loewenstein, *Psicanálise do Anti-Semitismo*, p.38.

108

Dotando o cristão-novo de poderes sobrenaturais, a Inquisição resgatou o mito do judeu elaborado na Idade Média e assim propiciou dois tipos diferentes de atitude de discriminação contra ele: o primeiro, de fundo religioso, se baseia em sua suposta dissimulação com respeito às crenças do cristianismo; e o segundo o associa ao mal, a componentes sobrenaturais e diabólicas provocando temor e aversão nos cristãos-velhos.

Anexo
Monitório do Inquisidor Geral

Se sabeis ou ouvistes, que algumas pessoas, ou pessoa dos ditos reinos e senhorios de Portugal, ou estantes em eles, sendo cristãos (seguindo ou aprovando os ritos ou cerimônias judaicas) guardaram ou guardam os sábados em modo ou forma judaica, não fazendo, nem trabalhando em eles cousa alguma, vestindo-se e ataviando-se de vestidos, roupas e joias de festa, e adereçando-se e alimpando-se às sextas-feiras ante suas casas, e fazendo de comer às ditas sextas-feiras para o sábado, acendendo e mandando acender nas ditas sextas-feiras à tarde candeeiros limpos com mechas novas, mais cedo do que os outros dias, deixando-se assim acesos toda a noite, até que eles por si mesmo se apaguem, tudo por honra, observância e guarda do sábado.

Item, se degolam a carne e aves, que hão de comer, à forma o modo judaico, atravessando-lhe a garganta, provando e tentando primeiro o cutelo na unha de dedo da mão, e cobrindo o sangue com terra por cerimônia judaica.

Item, se não comem toucinho, nem lebre, nem coelho, nem aves afogadas, nem enguia, polvo nem congro, nem arraia, nem pescado que não tenha escama, nem outras cousas proibidas ao judeu na lei velha.

Item, se sabem, viram ou ouviram que jejuaram ou jejuam, o jejum maior dos judeus, que cai no mês de setembro, não comendo em todo o dia até à noite, que saiam as estrelas, e estando aquele dia do jejum maior, descalços, e comendo aquela noite carne e tigeladas, pedindo perdão uns aos outros.

Outro si, se viram, ou ouviram, ou sabem, alguma pessoa, ou pessoas, jejuaram ou jejuam o Jejum da Rainha Esther, por cerimônia judaica, e outros jejuns que os judeus soíam e acostumavam de fazer, assim como os jejuns das segundas e quintas-feiras de cada semana, não comendo todo o dia até à noite.

Item, se solenizam ou solenizaram as Páscoas dos judeus, assim como a Páscoa do pão ázimo, e das Cabanas, e a Páscoa do Corno, comendo pão ázimo da dita Páscoa do pão ázimo, em bacias e escudelas novas, por cerimônia da dita Páscoa, e assim se rezaram ou rezam orações judaicas, assim como são os salmos penitenciais, sem *Glória Patri et Filio et Spiritu Sancto*, e outras orações de judeus, fazendo oração contra a parede, sabadeando, abaixando a cabeça e alevantando-a, à forma e modo judaico, tendo, quando assim rezam, os atafales, que são correias atadas no braço, ou postas sobre a cabeça.

Item, se por morte dalguns ou de algumas, comeram ou comem em mesas baixas, comendo pescados, ovos e azeitonas por amargura, e que estão detrás de porta, por dó, quando algum ou alguma morre, e que banham os defuntos, lhe lançam calções de lenço, amortalhando-os com camisa comprida, pondo-lhes em cima uma mortalha dobrada, à maneira de capa e enterrando-os em terra virgem e em covas muito fundas, chorando-os com suas liteiras, cantando como fazem os judeus, e pondo-lhes na boca um grão de aljôfar ou dinheiro d'ouro ou prata, dizendo que é para pagar a primeira pousada, cortando-lhes as unhas e guardando-as, derramando e mandando derramar água dos cântaros e potes quando algum ou alguma morre, dizendo que as almas dos defuntos se vêm aí banhar, ou que o anjo percuciente lavou a espada na água.

Item, que lançaram e lançam as noites de São João Batista, e do Natal, na água dos cântaros e potes, ferros ou pão ou vinho, dizendo que aquelas noites se torna a água em sangue.

Item se os pais deitam a benção aos filhos pondo-lhes as mãos sobre a cabeça, abaixando-lhe a mão pelo rosto abaixo sem fazer o sinal da cruz, à forma e modo judaico.

Item, que quando nasceram ou nascem seus filhos se os circuncidam, e lhes puseram ou põem secretamente nomes de judeus.

Item, se depois que batizaram ou batizam seus filhos, lhes raparam ou rapam o óleo e a crisma que lhes puseram quando os batizaram.

A FORMAÇÃO DA MÁSCARA TEATRAL

Período Jesuítico e Barroco:
A Personagem Como Agente Reforçador
da Proposta Cristã

O perfil teatral do judeu e do cristão-novo na dramaturgia brasileira pode ser dividido em cinco principais períodos artísticos: jesuítico e barroco, romântico, realista, moderno e contemporâneo. Cada um desses períodos irá nos fornecer um retrato específico da personagem, diretamente associado ao momento histórico e estético que o caracteriza.

As primeiras manifestações do teatro brasileiro ocorrem no século XVI e são centradas na figura do padre jesuíta José de Anchieta (1534-1597). O objetivo de seu teatro é a catequização do indígena brasileiro, desse modo, a temática dos autos é predominantemente religiosa e moral.

É a partir do teatro de Anchieta que começa a se configurar o perfil do judeu na dramaturgia brasileira. A imagem

111

inicial da personagem judia é de cunho religioso e vinculada ao tema cristão. O texto *Na Vila de Vitória*, por exemplo, faz alusões a Adão, David e Golias, Daniel e Susana:

GOVERNO: Que quem tem virtude e saber, seja de qualquer idade, este tal terá majestade para poder bem reger todo o mundo com verdade.

GOVERNO: Moço era Daniel, mas muitos velhos venceu em virtude, e converteu todo o povo de Israel, e a Susana defendeu.

A obra de Anchieta encarna o espírito barroco, identificado à ideologia "fornecida pela Contrarreforma e pelo Concílio de Trento", e que se distingue pela "tentativa de reencontrar o fio perdido da tradição cristã, procurando exprimi-la sob novos moldes intelectuais e artísticos"[1].

Desse modo, o judeu, enquanto personagem bíblica, faz parte do cristianismo, pois surge como agente reforçador da proposta cristã endereçada aos indígenas. Consequentemente, sua caracterização nos autos de Anchieta é positiva.

A desvinculação judeu/personagem bíblica ocorre a partir do século XVII, quando tem início a presença efetiva do homem judeu no Brasil, não apenas do cristão-novo (em Recife, com a invasão holandesa). Nesse período, encontramos apenas uma referência à personagem na obra de Manuel Botelho de Oliveira, o primeiro comediógrafo brasileiro, e que escreveu em espanhol. Também vinculadas ao estilo barroco, as comédias do autor seguem a proposta de exaltação da terra e do homem brasileiros, o "mito do ufanismo"[2], que congregou também a obra de seus contemporâneos: Bento Teixeira, Gabriel Soares de Sousa, Fernandes Brandão, entre outros. A figura do judeu em Botelho de Oliveira aparece descrita na já referida comédia *Hay Amigo Para Amigo*, mas convém repetir: "Oitavo, um judeu falso que se mascara de cristão fervoroso e tem o rosário na mão e sua Lei (Torá) no peito."[3]

1. A. Coutinho, *Introdução à Literatura no Brasil*, p. 98.
2. Ibidem, p. 79.
3. V. supra, p. 98n.

Embora a referência não se prenda a um contexto mais amplo, ela transmite uma imagem de dissimulação que define a personagem como aquele que finge ser o que na realidade não é. Assim caracterizado, o judeu, na verdade o cristão-novo, assume uma máscara que irá permanecer até o século XX na dramaturgia brasileira.

Os séculos XVII e XVIII se salientam por um "vazio teatral" que, de acordo com Sábato Magaldi, teria as seguintes causas:

> Além da falta de documentos (poderíamos conjeturar que é mais deles esse vazio), talvez algumas causas o expliquem: eram novas as condições sociais do país, não cabendo nos centros povoados o teatro catequético dos jesuítas; e os nativos e portugueses precisaram enfrentar os invasores de França e Holanda, modificando-se o panorama calmo e construtivo, propício ao desenvolvimento artístico. Situação semelhante prolonga-se pela primeira metade do século XVIII, enquanto, na segunda, instala-se em muitas cidades um teatro regular, em "Casas de Ópera" edificadas para as representações. Cabe-nos considerar essa inovação um progresso essencial da atividade cênica, sobretudo porque os prédios teatrais foram utilizados por elencos mais ou menos fixos, com certa constância no trabalho. Sobre o prisma da dramaturgia, persiste o vazio, porque só nos chegou o texto de *O Parnaso Obsequioso*, de Cláudio Manuel da Costa. Apenas um nacionalismo excessivo pode fazer-nos incorporar à literatura dramática brasileira as "óperas" de Antonio José da Silva, que embora nascido no Rio, pertence de fato ao teatro português.[4]

Após esse "vazio teatral", reencontramos a personagem do judeu já em pleno século XIX, quando despontam as primeiras manifestações do teatro romântico brasileiro.

4. *Panorama do Teatro Brasileiro*, p. 27.

Período Romântico:
A Configuração da Máscara Popular
e Negativa do Judeu

O movimento romântico se inaugura com a encenação, em 1838, da tragédia de Gonçalves de Magalhães, *Antonio José ou O Poeta e a Inquisição*. O texto, escrito no mesmo ano, narra a perseguição e condenação à morte do dramaturgo, em Lisboa, acusado pelo Tribunal da Inquisição de práticas judaizantes.

Para Alfredo Bosi, "apesar das veleidades renovadoras, [a peça] peca pelo conservantismo no gênero (ainda tragédia, em vez de drama) e na própria forma (o verso clássico em vez da prosa moderna)"[5]. Se gênero e forma estariam ainda enquadrados nos moldes clássicos, o tema, segundo Magalhães, seria de assunto nacional.

Os fatores que teriam levado o dramaturgo a definir o assunto da peça como nacional são assim descritos por Käthe Windmüller:

Naquele momento do plasmar da nacionalidade, o conceito de quem e do que era brasileiro, quer no plano social, quer no literário, ainda estava indefinido. Obedecendo a um impulso elitista e desvinculado da realidade social da época, a escolha de Magalhães, recaindo em um herói com quem o público pudesse identificar-se em padrões culturais mais elevados, embora estranhos, foi utópica mas universalizante, correspondendo à sua intenção de enquadrar a tragédia num plano universal. Antonio José fora dramaturgo de sucesso, intelectual e branco, credenciais para sua inclusão no padrão cultural europeu; fora vítima da Inquisição, uma instituição atuando em função dos interesses lusos, símbolo da opressão colonial; fora perseguido por ser judeu (na realidade cristão-novo), uma ideia revoltante dentro dos conceitos de liberalismo da época; e, afinal, fora brasileiro, nascido no Rio de Janeiro de família de cristãos-novos brasileiros, gente discriminada pelos colonizadores, mas presente na terra desde os primórdios da colonização do país.[6]

5. *História Concisa da Literatura Brasileira*, p. 108.
6. *"O Judeu" no Teatro Romântico Brasileiro*, p. 88.

Aliada a essa tese, aparece também a preocupação romântica de Magalhães em realizar uma apologia de grupos oprimidos, bem como do artista romântico enquanto ser infeliz e marginalizado pela sociedade.

A caracterização da personagem feita por Magalhães, porém, retoma a indistinção entre judeu e cristão-novo efetuada pelo texto de Manuel Botelho de Oliveira – a distinção só aparece de modo preciso na dramaturgia do século XX. Em nenhum momento da peça, Antonio José é concebido como cristão-novo e seus laços com o judaísmo apresentam-se, também, de modo bastante tênue. Apenas no final são mencionadas as "culpas de judaísmo" do dramaturgo, que as recebe com uma reação que denuncia amargor e desagrado:

ANTONIO JOSÉ: Deos [sic] é grande! e minha alma sai do mundo
assás [sic] martyrisada [sic] pelos homens.
É em nome de Deos [sic] que eu soffro [sic] a morte;
E ainda não manchei o sacrifício,
Contra seu sancto [sic] nome blasfemando.
Co'o labéo [sic] de Judeo [sic], com que me infamam,
Fica minha memória nodoada.

A conclusão de Antonio José no mesmo segmento, porém, atenua sua colocação anterior, na medida em que ele assume a religião de seus pais:

ANTONIO JOSÉ: O Deos [sic] a quem meus pais sempre adoraram
É o Deos [sic] que eu adoro, e por quem morro.
Elle [sic] me há de julgar.

Assim como o cristão-novo oscila entre o mundo cristão e o mundo judeu, a tragédia de Gonçalves de Magalhães também titubeia entre a tendência clássica e a romântica.

A máscara popular, da personagem do judeu, irá se configurar a partir da comédia *O Usurário*, de 1846, e do drama romântico *Vitiza ou O Nero de Espanha*, de 1840-1841. Na comédia, o judeu será identificado ao tipo do avarento e surge pela primeira vez assim concebido no "Criador da Comédia Nacional", Martins Pena.

Nas comédias do dramaturgo encontramos certas personagens-tipo bastante comuns à farsa medieval, como é o caso de Daniel, o protagonista de *O Usurário*. Daniel é um agiota esperto e desonesto. Seu apego ao dinheiro e sua avareza são descritos minuciosamente por Martins Pena:

DANIEL: O dinheiro é o único bem que eleva o homem e o coloca acima dos outros!

DANIEL: O ouro é o deus do mundo, [...] o meu cofre, o meu santuário, o altar de minhas orações.

DANIEL: Tragam para aqui, para aqui...
Muito bem, arreiem. (*Os pretos arreiam a caixa.*) Isso mesmo. Tomem lá. (*Dá dois vinténs a cada um dos pretos.*) Salta! (*Os dois negros vão para sair.*) Espera, espera. (*Para um dos negros.*) Dá cá esta moeda que te dei; toma esta outra. Não estejas a olhar, é o mesmo, é o mesmo, são dois vinténs, vão-se embora. (*Os dois negros saem. Daniel observa a moeda que tomara do negro.*) Esta está menos gasta que a outra. (*Mete-a na algibeira.*)

Os negócios escusos realizados por Daniel provocam forte reação nas outras personagens, o que irá propiciar a identificação avarento-agiota com judeu. Exemplo:

FREDERICO: Usurário do inferno!
ADOLFO: Judeu sem consciência!

O final da peça se extraviou e, com ele, a provável punição do avarento, que só será concretizada com a retomada do tipo pelo teatro realista brasileiro.

O tipo desenvolvido pelo drama romântico pode ser detectado num texto do mesmo autor, *Vitiza ou O Nero de Espanha*. Fruto de grande imaturidade artística, escritos antes de o autor completar 25 anos, os dramas de Martins Pena sofrem forte influência do melodrama. Segundo Sábato Magaldi, os dramas não temem opor, em lutas muitas vezes mirabolantes, as figuras estereotipadas do nobre de alma e do vilão. Os heróis dramáticos de Martins Pena se dividem mesmo naquelas duas categorias, e seu choque pela conquista de algo desejado constitui o núcleo de todas as peças[7].

Em *Vitiza*, surge a heroína perversa, dotada de inúmeros traços negativos. Trata-se de Orsinda, que é na realidade Sara, uma judia amaldiçoada por seu próprio pai. Falsa, interesseira, traiçoeira e até mesmo parricida, Sara se indispõe com todas as personagens da peça, provocando reações as mais negativas, tal como as abaixo:

RODERIGO: Oh, se eu tivesse
Em meu poder a pérfida judia!

VITIZA: Víbora ingrata, que traições meditas desprezível judia.

Diversas colocações preconceituosas podem ser encontradas no decorrer do drama, não só com relação a Sara, mas à totalidade do povo judeu: "povo cruel", "povo infame", "raça proscrita" e "povo forasteiro". Comentando o texto, Raimundo Magalhães Jr. condena a postura antissemita do comediógrafo brasileiro: "O decreto que concedia direitos similares aos judeus e aos não judeus provocou protestos, tingindo-se o drama de uns laivos de antissemitismo, na verdade deploráveis."[8]

A personagem judia criada por Martins Pena, tanto a do drama quanto a da comédia, se apresenta sob uma imagem altamente estereotipada, negativa e sem qualquer dimensão humana.

A máscara do judeu projetada pelo teatro romântico, porém, se caracteriza por sua dicotomia. Afora Martins Pena, que só fornece uma visão negativa da personagem, surgem outros dramaturgos, que oferecem retratos tanto negativos, quanto positivos. José de Alencar, por exemplo, possui duas

7. Op. cit., p. 55.
8. *Martins Pena e Sua Época*, p. 87.

visões antagônicas do judaísmo, ambas relacionadas a feições do romantismo. A primeira delas, positiva, nos remete ao seu aspecto revolucionário e utópico. O texto *O Jesuíta* propõe que os ciganos, os índios e os judeus – "família imensa e proscrita, corram a abrigar-se aqui da perseguição dos cristãos" – venham habitar o Brasil, "região rica e fecunda que era e ainda é hoje um deserto". A segunda visão de Alencar é calcada nas sugestões do repertório de Dumas Filho, Augier etc., que, analisando os "males sociais", dá ao dinheiro um papel ativo na corrupção moral dos indivíduos. Em *O Crédito*, o autor faz referências elogiosas à instituição que, segundo ele, tem o objetivo de "nivelar os homens pelo trabalho". Analisa também seus efeitos negativos provocados pela ambição humana que uniria o dinheiro à usura. Nesse ponto, Alencar reforça o mito econômico do judeu ao associá-lo ao financista burguês:

RODRIGO: [...] Um dia, porém, um homem de dinheiro compreendeu que o trabalho e a probidade eram melhor garantia do que a fortuna que o acaso pode destruir em um momento. Este homem chamou pobres, mas honestos e empreendedores, e confiou-lhe os seus capitais para que eles realizassem as suas ideias. O crédito estava criado. Outros seguiram o exemplo: associaram-se e formaram um banco. Essa pequena instituição escondida no fundo da loja de um judeu desenvolveu-se, dominou as grandes praças comerciais, e hoje circula o globo [...]

O teatro de Joaquim Manuel de Macedo também apresenta duas visões antagônicas da personagem judia. O texto *O Sacrifício de Isaac* é uma dramatização do episódio bíblico e, nas palavras de Sábato Magaldi, um "cântico do espírito religioso, imprescindível à imagem do homem romântico perfeito"[9]. A caracterização das personagens surge de forma bastante positiva e, assim como no teatro jesuítico, a figura do judeu oriunda do *Antigo Testamento* apresenta um compromisso ideológico e estético com o cristianismo.

9. Op. cit., p. 79.

118

Já em outros textos do autor, *A Torre em Concurso* e *O Fantasma Branco*, encontramos algumas referências à personagem do judeu que funcionam como reforçadoras de antigos mitos. No primeiro exemplo, o autor descreve a malhação de Judas que, como em *Judas em Sábado de Aleluia*, de Martins Pena, retoma e mantém uma tradição preconceituosa, que associa o traidor de Jesus ao judaísmo – conforme atestam os exemplos do "Perfil Religioso da Personagem".

Em *O Fantasma Branco*, Macedo faz uma analogia, a partir de referências, entre um ente abstrato e mítico – o judeu – e algumas concepções negativas relacionadas à falsidade – talvez uma herança da imagem do cristão-novo. Cito, como exemplo:

TIBÉRIO: Estou meio desconfiado deste sujeito. Quem sabe, se não é algum ladrão disfarçado? [...] Mana, das duas uma, ou é ladrão disfarçado, ou então é o Judeu Errante!

Ou, então:

JÚLIA: Mas eu não sei como é que se condena uma pessoa sem ao menos ouvi-la: eu não digo por querer ofender a ninguém... porém, há no mundo tanto judeu... levantam-se tantos aleives à gente...

Surge, também, uma referência linguística preconceituosa:

GALATEIA: Ai! se me vens com constituições, atiro tudo pelos ares... não quero que em minha casa se fale em semelhante judiaria... ouviu?!

O folhetim *Os Dous Amores*, de Macedo, também veicula imagens preconceituosas sobre o judaísmo, que foram criticadas por Wilson Martins em sua *História da Inteligência Brasileira*. Segundo o autor, *Os Dous Amores* "exalam o odor de um leve antissemitismo"[10].

---

10. *História da Inteligência Brasileira*, p. 419.

Outro dramaturgo que parece imbuído dessa postura antijudaica é Qorpo-Santo. Embora tenha vivido na época romântica, o estilo seco e despido de ornamentos do autor é bastante ousado para o teatro que então se produzia. As comédias de Qorpo-Santo oscilam entre bons e maus momentos, aproximando-se "das pantomimas circenses, e o texto enquanto roteiro da ação perde qualquer veleidade literária"[11]. Por essas características inovadoras aliadas ao seu *nonsense*, o dramaturgo tem sido considerado um dos precursores do Teatro do Absurdo.

As seis comédias do autor que fazem referência à figura do judeu são bastante curiosas: elas utilizam expressões isoladas do contexto geral da narrativa e funcionam como uma ofensa pessoal e/ou uma crítica. Qorpo-Santo nos fornece uma visão mítica da personagem do judeu, baseada em padrões preconceituosos. Em *As Relações Naturais*, por exemplo, as alusões a Judas, ao Judeu Errante e a Judeu (com maiúscula) funcionam como sinônimos e indicam uma atitude de repreensão, como nestas passagens:

MALHERBE (*patrão reclamando do criado Inesperto*): Que é isto, Judas? Enlouqueceste, Inesperto? Onde está tua ama?

INESPERTO (*ofendido*): [...] Vá-se embora daqui para fora, senão o matam, seu Judeu Errante!

Depois:

MALHERBE: Este diabo está hoje com o demo nas tripas!... Ó Judas, dize-me o que comeste hoje?... Que diabo tens tu? Estás bêbado?

MARIPOSA (*patroa – entrando*): Ih!... que espalhafato fez o Judeu hoje!...

Na comédia *Mateus e Mateusa*, reaparece a figura do judeu errante, por sinal bastante comum ao período

---

11. Guilhermino Cesar, Estudo Crítico, em Qorpo-Santo, *Teatro Completo*, p. 48.

romântico, conforme assinalado no "Perfil Religioso da Personagem". Nesse texto, porém, o judeu errante não se identifica ao ser humano incompreendido e rechaçado pela sociedade, mas surge com uma intenção crítica:

MATEUSA: Meu Deus! que homem mais mentiroso! Céus! quem diria que aos 80 este judeu errante havia de proceder como aos quinze, quando roubava frutas do Pai!

Já nas peças *Um Assovio* e *Dous Irmãos*, o termo judeu é menos uma ofensa do que um apêndice sem sentido empregado pelo autor, como podemos observar:

FERNANDO: Então, Galdino! Encheste o teu pandulho desde (*bate-lhe na bunda, que é tão bem formidável, e na barriga*) esta extremidade até esta…!
GABRIEL: Ai! ai! Seu diabo! Não sabes que ainda não botei as páreas do que pari por aqui!… (*apalpa a bunda*).
FERNANDO: E, entretanto, de mim não te lembraste, judeu! Vai me buscar uma xícara, anda! […] Que tal estará o café deste judeu?

Em *Dous Irmãos* aflora a seguinte referência:

LEV'ARRIBA (*dono de loja, ao caixeiro*): Que é isto, rapaz, homem, criança? (*À parte.*) Estará morto este diabo? (*Bate-lhe com um pé.*) Ó moleque! Judeu!
(*À parte.*) Não fala! Isto está morto mesmo!…

Na comédia *Lanterna de Fogo*, a personagem Robespier, após um inflamado monólogo em que os judeus são acusados da morte de Cristo, exclama: "– Valha-nos Deus, com estes judeus!"

Finalmente, no texto *Certa Entidade em Busca de Outra*, o judeu aparece como sinônimo de demônio, exemplificando o processo de diabolização da personagem, analisado no "Perfil Psicológico" anteriormente traçado:

BRÁS (*batendo na porta; fazendo esforço para abrir, gritando*): Satanás! Satanás! Ó Diabo! trancaste-me a porta!? Judeu! Que é isto ó Diabo! Abre-me a porta, senão te engulo!…

A postura de Qorpo-Santo decorre, sem dúvida, de seu "absurdo" e, através dele, fica configurado o preconceito do dramaturgo.

Pode-se concluir, a partir dos exemplos mencionados, que o teatro romântico brasileiro fornece uma visão bastante negativa não só com relação ao judeu, mas ao estrangeiro de um modo geral, como comprovam as comédias de Martins Pena em que aparece a figura do inglês.

Por outro lado, embora se verifique um peso mais acentuado da imagem negativa da personagem judia, textos como *O Sacrifício de Isaac*, de Joaquim Manuel de Macedo, e *O Jesuíta*, de José de Alencar, contribuem para o esgarçamento dessa máscara teatral negativa. Esses textos revelam o primeiro momento de uma transformação que irá paulatinamente se acentuando na dramaturgia brasileira.

Período Realista:
A Realimentação da Máscara

A comédia de costumes que, desde Martins Pena e Macedo, vinha espelhando alguns estratos da sociedade brasileira, especialmente os que convergiam para a Corte, continua, durante o realismo, a atrair o interesse do público, apesar da concorrência do *vaudeville* parisiense e da ópera italiana, ambos em plena voga na segunda metade do século. O nome de Artur Azevedo impõe-se então como o do continuador de Martins Pena[12].

Não só Artur Azevedo retoma o gênero iniciado por Martins Pena, retratando fielmente a sociedade do final do século passado, como retoma também alguns tipos estabelecidos pelo teatro romântico, contribuindo, assim, para a manutenção da máscara negativa da personagem do judeu.

A comédia *A Joia* contrasta a vida saudável e pacata do campo com a movimentação e os perigos que o Rio de

12. A. Bosi, op. cit., p. 268.

Janeiro da época reservava, principalmente para os ingênuos moradores da "roça". Os principais perigos apontados na peça são uma mulher interesseira que pretende explorar um rico fazendeiro do interior e um vendedor de joias judeu.

Além da profissão estereotipada da personagem, comum à dramaturgia do final do século XIX, o texto ainda reforça alguns estereótipos negativos do judeu, criados pela comédia romântica, como nesta passagem:

CARVALHO (*à parte*): Olho vivo! Tem cara de judeu...

JOALHEIRO (*tirando a caixa do bolso e abrindo-a*): Aqui as tem. (*Limpa-as.*) Aqui as tem. Perdão! (*Limpa-as mais uma vez.*)

CARVALHO (*à parte*): Vejam como o tratante apronta as armas!

JOALHEIRO: São bonitas, não acha?

CARVALHO: Acho que são; mas também acho exorbitante o preço.

JOALHEIRO: Exor... Meu caro, por amor de Deus! Que preço lhe disseram?

CARVALHO: Seis!

JOALHEIRO: Não desço um real. Veja bem!

CARVALHO (*à parte*): Estes judeus!

Essa "cara de judeu" encobriria esperteza, exploração e desonestidade (o joalheiro é duas vezes chamado de ladrão), provocando uma reação de desconfiança e um estado de alerta nas personagens que se relacionam com o comerciante. Quadro bastante similar ao descrito por Martins Pena em *O Usurário*.

A mesma imagem é encontrada em outra comédia de costumes do mesmo período. Trata-se de *Meia Hora de Cinismo*, de França Júnior (1839-1890). O dramaturgo escreveu comédias

cheias de verve, mas presas à mentalidade saudosista do fluminense que não vê com bons olhos o progresso dos costumes burgueses na Corte e procura em tudo o lado ridículo para chamar junto a si o bom senso do público. As cenas das suas comédias exploram patuscamente vários tipos do Brasil Imperial: o fazendeiro paulista, o comerciante português, o político loquaz e matreiro, e imigrante espertalhão[13].

13. Ibidem, p. 270-271.

O imigrante espertalhão aparece em *Meia Hora de Cinismo* como o agiota Jacó, que resolve cobrar a dívida assumida por um estudante de Direito. O "maldito verdugo, o animal mais covarde que pisa o solo de São Paulo", consegue realizar seu intento, mas não sem antes ser objeto de escárnio e de severa crítica por parte dos jovens. Como o final da peça de Martins Pena, já mencionada, foi perdido, e com ele a provável punição do agiota Daniel, temos em França Jr. um desenlace de humilhação e censura para Jacó:

NOGUEIRA: Senhor Jacó, a sua dívida vai ser satisfeita, mas antes de tudo há de ouvir-me. Há ladrões que, embrenhando-se pelas matas, assaltam os viandantes de pistola e faca; há outros que roubam de luva de pelica nos salões da nossa aristocracia, estes têm por campo de batalha uma mesa de jogo; há outros, finalmente, os mais corruptos, que são aqueles que, arrimados a um balcão, roubam com papel, pena e tinta. O senhor faz honra a esta última espécie: é um ladrão e um ladrão muito mais perigoso do que os outros. Dê-me essa letra, documento autêntico de sua infâmia e tome seu dinheiro.

Jacó, porém, não se impressiona com as críticas e continua calmamente contando seu condenado dinheiro:

– Está exato. Agora vamos fazer outra visita. O dia está feliz.

Em outro texto de França Jr., *O Tipo Brasileiro*, pode-se observar uma postura discriminatória do autor dirigida aos ingleses, e uma pregação da superioridade do homem brasileiro. Atitude nacionalista idêntica é registrada no drama realista brasileiro, que nasce sob a influência do teatro realista francês. A matriz continua sendo a melodramática, acrescida, porém, do propósito de observar a realidade com base nas preocupações sociais de cada autor e de seu contexto.

O texto que exemplifica esse período é *Os Cáftens*, de 1880, da autoria de Augusto Lopes Cardoso[14]. O autor parte

14. O texto foi interditado pelo Conservatório Dramático Brasileiro e depois apreendido pela censura, permanecendo proibido durante

de um fato verídico, o aliciamento de jovens para a prostituição no Rio de Janeiro no final do século XIX, para configurar sua análise social[15]. No texto, porém, todos os cafetões são judeus e se valem da religião judaica para realizar seu intento. Samuel e Levy trazem jovens judias da Europa para o Rio de Janeiro, com a promessa de casamento. Após algum tempo, elas são levadas à prostituição e exploradas pela dupla. No final da peça, o brasileiro Carlos, xenofóbico e moralista, consegue a punição dos imigrantes judeus.

Além de distorções de alguns preceitos da religião judaica e de estereótipos disseminados por toda a peça, o autor defende a tese de que a corrupção dos costumes e da moral provém do exterior, gerando a decadência da sociedade brasileira e prega a supremacia do homem brasileiro sobre os judeus e todos os estrangeiros. Deve-se notar, ainda, que tanto as vítimas – Judith, Sara, Rachel, Esther – quanto seus algozes – Samuel, Levy, Jacob, Abraham – são judeus, e o autor condena ambos por sua influência moral negativa:

CARLOS: No meio desse enxurro social que alguns países da Europa esgotam para o Rio de Janeiro com o falso rótulo de emigração espontânea, vêm frequentemente uns vermes peçonhentos que se nutrem aqui de corroer os sãos costumes da nossa carrança, mas com certeza moralizada da sociedade. Teu marido, segundo informações que me foram dadas, é um desses vermes, e tu, e tantas outras como tu, sois, talvez inconscientemente, o vírus pestilento que eles vão inoculando no nosso organismo social.

A par da colocação de elementos analíticos, sociais e psicológicos, a dramaturgia realista exemplificada é

dezessete anos. A primeira representação de *Os Cáftens* ocorreu em 1897, no teatro Sant'Ana, no Rio de Janeiro, a cargo da Companhia Dramática dirigida por Ismênia dos Santos. Cf. R. Alvim, Apresentação de Os Cáftens, *Revista de Teatro* – SBAT.

15. Cf. E. Wolff; F. Wolff, *Judeus no Brasil Imperial*, p. 433-437. Os autores observam que o lenocínio não era exclusividade dos judeus, pois foram também deportados na época, pelo mesmo crime, italianos, portugueses, ingleses, austríacos etc. – estrangeiros que não apresentavam qualquer ligação com o judaísmo.

mantenedora dos traços fixos da máscara negativa do judeu – o padrão persiste quer na comédia, quer no drama. O caráter maniqueísta da análise, que contrapõe o homem brasileiro ao corruptor judeu, é responsável pela manutenção do mito veiculado inicialmente pela dramaturgia romântica.

Período Moderno e Contemporâneo:
Primeiras Tentativas de Rompimento Com o Mito
Tradicional e Surgimento de Nova Máscara

No início do século xx, a ênfase principal dos textos coletados para nossa pesquisa é dada ao advento do cristianismo. A imagem do judeu, em grande parte, surge aliada a estereótipos milenares, como o relativo ao deicídio dos judeus, por exemplo. Essa imagem negativa é veiculada por uma dramaturgia menos elaborada artisticamente e de grande penetração popular, conforme exposto no "Perfil Religioso da Personagem Judia".

Quanto ao teatro de valor literário, nota-se a presença, na primeira metade desse século, de três autores pré-modernistas que trabalham o mesmo tema – Goulart de Andrade com a peça *Jesus*, Coelho Neto com *Pastoral* e Menotti del Picchia com o poema dramático *Jesus*. O tratamento dado ao assunto é bem menos tendencioso que o de outros textos, porém constata-se a persistência de alguns padrões tradicionais com relação à caracterização das figuras de Judas e Pilatos.

Surge, também, uma dramaturgia inspirada em passagens do *Antigo Testamento*. Os textos são ambos de 1917: *Nos Jardins de Saul*, de Júlia Lopes de Almeida, e *Moisés*, poema bíblico de Menotti del Picchia.

A máscara econômico-social da personagem só é novamente retomada a partir de 1930, quando têm início as primeiras manifestações da moderna dramaturgia brasileira. A postura desse teatro que se inicia é de questionamento e crítica social, inaugurando um processo de atenuação da imagem do judeu projetada pela dramaturgia anterior.

O texto *O Homem e o Cavalo*, de Oswald de Andrade, é, nas palavras de Sábato Magaldi, "o julgamento das crenças tradicionais à luz das teorias modernas, com uma irreverência e uma falta de compostura salutares, em meio ao colarinho duro do teatro nacional da época"[16].

A irreverência do texto se aplica, principalmente, a dogmas religiosos e políticos: Cristo é levado ao tribunal acusado de ligações secretas com o imperialismo romano, Verônica aparece com uma foto de Hitler pregada na suástica. A peça escarnece também da superioridade racial do homem ariano e é o primeiro texto da dramaturgia brasileira a fazer referência aos campos de concentração nazistas – o texto é de 1934.

O Poeta-Soldado, personagem que prega as vantagens do arianismo, resolve se desfazer de Pedro – "um judeu naturalizado cristão". Para isso, arquiteta um plano:

POETA-SOLDADO: Inaugurou-se há dois dias na Alemanha de Hitler a campanha de morticínio contra os judeus... vocês ouviram pelo rádio... pois é só fazer o balão apressar a marcha, depassar a velocidade da luz e aterrar em Berlim anteontem, no meio do auto-de-fé...

No entanto, por um erro de cálculo, o balão desce na Inglaterra:

POETA-SOLDADO: Que pena! Na Inglaterra nunca mataram judeus! Só escondido.

Aparece também na peça, como já dissemos anteriormente, o Barão de Barrabás de Rotschild, que representa as "aspirações sionistas" do povo judeu. É feita, imediatamente, uma relação entre o dinheiro internacional, os bancos judeus e o sionismo, e uma condenação aos "idealistas da usura". (Es la banca internacional! [...] Só há um remédio para

16. Op. cit., p. 190.

vocês idealistas da usura e guias da reação. Vão se matar na Palestina).

O Homem e o Cavalo, a despeito de suas características vanguardistas, só foi encenada muitas décadas depois de sua publicação, o que se explicaria "por excesso, por riqueza, por esquecimento dos limites do palco – nunca por indigência, por visão parca, por voo medíocre"[17].

Sob o ângulo de nosso enfoque, outro texto importante desse período, de 1939, é *Um Judeu*, de Raimundo Magalhães Jr. A peça retrata a ascensão política de Benjamin Disraeli até atingir o posto de primeiro-ministro da Inglaterra, enumerando suas lutas contra a intolerância religiosa e o conservantismo do parlamento e da sociedade inglesa de sua época.

Na introdução à peça, Magalhães Jr. confessa sua preocupação com as últimas notícias veiculadas sobre a perseguição nazista aos judeus, na Europa[18]. Com esse intuito, ele resolve analisar a questão judaica, localizando o problema na Inglaterra vitoriana.

O texto questiona diversos mitos populares imputados ao judeu – desde a culpa pela crucificação de Cristo, passando por estereótipos relativos ao "caráter" judeu, até a sua ligação com a usura – e conclui pela intolerância religiosa e social da sociedade cristã[19]. A simpatia do autor pela causa

---

17. Ibidem, p. 189.

18. Anterior à denúncia de Magalhães Jr. é o inquérito realizado entre intelectuais brasileiros, no ano de 1933, que resultou numa firme condenação ao antissemitismo. Participaram dele: Agripino Grieco, Coelho Neto, Gilberto Amado, Afrânio Peixoto, Hermes Lima, Oduvaldo Vianna, Humberto de Campos, Menotti del Picchia e Orígenes Lessa, entre outros, todos investindo abertamente contra o nazismo e condenando as discriminações lançadas contra o povo judeu. Cf. A. Grieco, *Por Que Ser Antissemita?* As peças relacionadas a seguir fazem referência aos campos de concentração e/ou de extermínio instalados pelos nazistas durante a Segunda Guerra Mundial: O. de Andrade, *O Homem e O Cavalo*; M. Corinaldi, *O Milagre de Succá*; A. Chen, *Se Eu Te Esquecer, Jerusalém*; e *O Sétimo Dia*; M. Fernandes e F. Rangel, *Liberdade, Liberdade*; F. Cerqueira, *Não Respire, Não Coma, Não Ria*; J.R.Chaves Neto, *Patética*.

19. Ver supra, p. 91.

judaica o leva por vezes, a uma exaltação um tanto exagerada das qualidades morais da personagem, como já vimos[20].

Apesar da disparidade entre as duas peças analisadas – uma inovadora e audaciosa em sua concepção, *O Homem e o Cavalo*, a outra mais convencional na sua forma, *Um Judeu* –, ambas tendem a esmaecer a máscara teatral negativa da personagem judia, através do questionamento de teorias "pseudocientíficas", em *O Homem e o Cavalo*, e dos mitos imputados ao judeu, em *Um Judeu*.

O ano de 1943 marca o início do moderno teatro brasileiro. A encenação da peça *Vestido de Noiva*, de Nelson Rodrigues, pela Companhia Os Comediantes, inaugura, por suas inovações dramáticas e cênicas, uma nova era para o palco brasileiro.

Essa delimitação estética serve também como referencial ao nosso estudo sobre a personagem judia no teatro brasileiro. Esforços mais efetivos no sentido de se romper com a máscara tradicional da personagem desenvolvem-se, a partir de então.

Não deixa de existir, porém, uma corrente dramatúrgica menos elaborada, que retoma a máscara romântico-realista, acrescentando-lhe elementos de época.

Esse é o caso da peça *A Vingança do Judeu*, uma adaptação para o teatro do romance do Conde de Rochester, psicografado pela médium Wera Krijanowski. A adaptação é feita pelo brasileiro Augusto Vamprê, e a peça foi encenada no Circo Teatro Arethuzza em 1943.

O texto introduz o judeu banqueiro que herda as mesmas qualificações morais do agiota do século anterior: é avarento, explorador e traiçoeiro. A legalidade de sua profissão, contudo, lhe concede alguns privilégios não desfrutados pelo agiota; ele é parcialmente aceito pela sociedade. A situação marginal da personagem, porém, não se altera substancialmente. A mudança de *status* lhe proporciona uma aceitação parcial, o preconceito é camuflado, mas persiste.

20. Ver supra, p. 85.

Não é apenas a retomada da máscara do agiota que aproxima esse melodrama do romantismo. Também os termos da vingança do banqueiro Samuel Mayer contra a sociedade que o discrimina é uma importante feição de natureza romântica. Samuel troca seu próprio filho recém-nascido com o filho de um casal de nobres, que o havia rechaçado em virtude de sua ascendência judaica. Planeja educá-lo como "um sórdido judeu, fingido"[21], para depois devolvê-lo, consumando sua vingança[22]. Trata-se de uma desforra social marcada realmente pela visão romântica, pois, como o Conde de Monte Cristo, Samuel Mayer

possui o senso da missão a realizar, e põe na sua realização o fervor de quem encarna uma rebeldia. Contra a sociedade que o condenou injustamente, desenvolve aquela capacidade de negar que é a própria essência do satanismo romântico[23].

Por outro lado, é a partir do final da década de 1940 que se inicia uma mudança significativa com relação à imagem projetada pela personagem judia. Talvez os problemas desencadeados pelo recente conflito mundial possam explicar um fenômeno curioso detectado na dramaturgia. Principalmente após a criação do Estado de Israel, multiplica-se o número de textos baseados em passagens do *Antigo Testamento*, contrastando com o início do século, quando a tônica era dada ao *Novo Testamento*.

As peças, relacionadas a seguir, pertencem todas à década de 1950 e apresentam em comum uma imagem bastante positiva da personagem judia oriunda do texto bíblico: *Raquel*, de Lourival Gomes Machado; *Sansão e Dalila*, de Olindo Dias; *A Rainha Ester*, de Daniel Azevedo; *Abraão e Sara*, de João Mohana; *Rainha Ester*, de João Manderfelt; *Sarça Ardente*, de Walmir Ayala; *Sansão e Dalila*, de

21. A expressão "sórdido judeu" foi cortada pelo censor. *Requerimento DDP*, 1943.
22. Ver supra, p. 95.
23. A. Candido, Da Vingança, *Tese e Antítese*, p. 20.

130

Carlos Dias Fernandes; e *Cântico dos Cânticos*, de Mário de Araújo Hora, dedicado ao novo Estado de Israel. Também da mesma década são os textos de Tatiana Belinky, levados pelo "Teatro da Juventude" da TV Tupi de São Paulo e encenados em escolas. As dramatizações do *Antigo Testamento* são as seguintes: *Sansão, José e Seus Irmãos*; *Ester, a Rainha*; *Moisés Salvo das Águas*; *A Passagem do Mar Vermelho* e *O Cajado de Moisés Transforma-se em Serpente*. Exemplos:

SALOMÃO: Tu toda és formosa, minha amiga, e não há mancha em ti. Vem comigo.

Atenta desde o cume do Amaná, desde o cume do Senir e do Hermon; desde o esconderijo do leopardo, desde a morada das leoas. Favos de mel estão emanando dos teus lábios; mel e leite estão debaixo de tua língua. E o cheiro dos teus vestidos rescende ao cedro do Líbano.

SULAMITA: Teus olhos são como duas pombas junto aos ribeiros de águas límpidas. Tuas faces como um canteiro de especiarias, como caixas aromáticas que destilam mirra!

(Mário de Araújo Hora, *O Cântico dos Cânticos*)

FARAÓ: O que desejas, meu Sacerdote? O que querias dizer-me?

SACERDOTE: É sobre os escravos judeus, Faraó […] Eles são muitos, e são férteis: têm muitos filhos.

FARAÓ: Isto é bom: assim aumenta o número de meus escravos.

SACERDOTE: Isto não é bom, Faraó. Se eles continuarem a crescer e a se multiplicar desta maneira, breve o número deles será tão grande, que eles poderão se revoltar e exigir a sua liberdade. […] Sugiro que mandes matar todos os meninos recém-nascidos dos judeus, grande Faraó.

(Tatiana Belinky, *Moisés Salvo das Águas*)

Essa onda de simpatia e de representação favorável da personagem, no entanto, se mescla a concepções estereotipadas, como é o caso do melodrama *A Carta do Judeu*, de Francisco Colazo, encenada em 1954 no Circo Piolim, e que se vale da figura do vilão romântico – o agiota-joalheiro do século XIX.

Pode-se notar que, como no século anterior, persiste uma visão dicotômica da personagem – imagens positivas e negativas convivem em um mesmo período analisado. A mudança a ser assinalada, e que diferencia o teatro moderno do teatro romântico e realista, é que a visão positiva da personagem é encontrada com mais frequência na época moderna. De outra parte, a máscara negativa do judeu continua presente apenas nos textos da dramaturgia isenta de valor literário.

O mesmo processo pode ser observado com relação ao teatro contemporâneo[24]. Novamente a dramaturgia de segunda linha é a que fornece a visão estereotipada da personagem, como atestam dois esquetes de teatro de revista de J. Maia, de 1964. Em *O Preço do Beijo*, Samuel compra um beijo da esposa de seu melhor amigo com o dinheiro que ele mesmo lhe emprestara. Além do título, que alude à figura de Judas, o texto pretende provar a fraqueza moral das personagens que podem ser compradas por um preço a combinar. O texto *O Bassê* apresenta a figura estereotipada do comerciante judeu que vende a um freguês uma mercadoria que ele não possui e também desconhece. Os dois esquetes utilizam recursos cômicos farsescos, como o quiproquó, por exemplo, alimentando uma situação de equívoco entre personagens e receptor, até o desenlace da peça. Também é farsesca a caracterização das personagens através de traços linguísticos, como quando Salomão e o freguês discutem o preço da mercadoria, um bassê, o que nos foi possível perceber em citação anterior[25].

Outro tipo farsesco é Simão, uma personagem secundária de *O Santo Milagroso*, 1963, de Lauro César Muniz. Aparecendo rapidamente em duas cenas, o carregador judeu só tem um gesto e uma fala – exige o pagamento por seu trabalho e estende a mão para receber o dinheiro:

---

24. Devido ao uso desses termos variar de autor para autor, ressaltamos que teatro moderno e contemporâneo são empregados por nós como classificações temporais. Englobamos sob a definição de teatro contemporâneo aquele que ultrapassa o momento de cristalização do novo teatro no Brasil, e que se caracteriza por suas tendências múltiplas.

25. Ver supra, p. 66.

TAKAWA: Quando precisar é só chamar.

SIMÃO: E pagar... (*Estende a mão. O Pastor dá-lhe um níquel.*)

A tendência para o rompimento com essas concepções estereotipadas se acentua com: *O Santo Inquérito*, de Dias Gomes, 1966; *Liberdade, Liberdade*, de Millôr Fernandes e Flávio Rangel, 1966; e *As Confrarias*, de Jorge Andrade, 1971, textos que apresentam em comum a proposta de localizar historicamente a figura do judeu, atribuindo-lhe uma dimensão dialética até então incompleta ou ignorada.

O Santo Inquérito e *As Confrarias* resgatam a máscara do cristão-novo transmitida pelo teatro barroco e reelaboram a personagem, eliminando todos os traços preconceituosos que definiam seu perfil. A nova imagem do cristão-novo se configura a partir da denúncia à intolerância religiosa e cultural do período colonial brasileiro, conforme exposto em "Os Perfis do Cristão-Novo no Teatro Brasileiro".

Em *O Dia Que Raptaram o Papa*, a imagem positiva da figura do judeu se alia a um esforço ecumênico pela paz mundial. Em *Liberdade, Liberdade*, uma coletânea que procura recuperar fatos marcantes da história da humanidade, o Holocausto da Segunda Guerra Mundial é retratado a partir de uma cena da peça *O Diário de Anne Frank*, de Francis Goodrich e Albert Hackett. Na conclusão da cena, que reafirma a esperança e a crença de Anne Frank na bondade humana, os autores assinalam: "Anne Frank morreu, mas Israel ressurgiu da cinza dos tempos..."

Da década de 1970 em diante, dois elementos significativos se unem à nova caracterização da personagem. O primeiro deles se traduz em uma nova imagem, que surge aliada às características de força e tenacidade, e aflora da atuação do judeu em movimentos sociais e políticos na Resistência e em Israel. Observa-se que a figura transcende a situação de oprimido e passa a ser um lutador:

MÃE: Os meus só tinham a rocha e o deserto, as sementes nas mãos. As ferramentas amarradas nas costas. Mas a vontade era maior do que as coisas todas (*novo grito do filho*). Por isso fizeram das pedras jorrar água. Da poeira do chão, nascer o trigo. A cidade, Clara, se levantou. E se ergueu tão alta que a própria guerra... não pode esconder a sua sombra.

Esse exemplo é retirado de *A Patética*, de João Ribeiro Chaves Neto, de 1977, peça que redime o mito romântico da personagem judia.

O segundo elemento da moldagem atual encontra-se no drama *Ódio e Raça*, de Henrique Adre, de 1972. O texto introduz o sionismo na dramaturgia brasileira, enquanto sinônimo de judaísmo, e o define como "um povo" que se considera superior e que visa à expansão do Estado de Israel para sua maior segurança. A fim de atingir esse objetivo, o sionismo eliminaria todos os obstáculos, inclusive os éticos: "Somos mais fortes e tomaremos mais terras".

Ao procurar traçar o perfil do sionista, esse texto, na sua conclusão, reduz o judeu ao colonialista. Apesar das novas colocações, essa visão parte do mesmo processo de redução que anteriormente identificava o judeu ao agiota.

O texto que arremata, neste trabalho, a máscara teatral da personagem judia é *O Coronel dos Coronéis*, de Maurício Segall, de 1978. Artistas de um circo decadente procedem aos ensaios de uma peça que narra a vida do Coronel Delmiro Gouveia. Em uma das cenas, o Coronel, depois de uma briga com seu ex-sócio Levy, o chama de "judeu de merda". Os artistas interferem então na passagem, ironizando a decantada falta de preconceito do homem brasileiro:

ANA: Eh, pai, pra que isso! Começa a xingar só porque é diferente. Negro sujo, judeu porco, turco safado. Que que há? Vamos entrar nessa? No Brasil não tem preconceito.

Após breve discussão, eles decidem pelo corte da expressão: "Essas besteiras começam com pancadaria e acabam em morte".

Em função do que foi exposto, verifica-se que a visão dicotômica dos períodos anteriores continua, porém, abalada pela caracterização positiva da personagem judia. De um lado, temos a nova dramaturgia rompendo com a máscara tradicional do judeu, com o mito. Por outro lado, aparece ainda a imagem que relaciona a personagem ao capitalismo internacional e colonialismo sendo constantemente retomada e reforçada.

Podemos afirmar, então, em conformidade com Celso Lafer, que toda a literatura, incluindo a dramática, "é marcada por sua época (embora nela também imprima a sua marca), e essa marca do tempo se transmite, através dela, a épocas futuras"[26]. É desse modo que o mito do judeu, veiculado inicialmente pelo teatro romântico brasileiro, por uma dramaturgia com valor artístico, é incorporado pelo teatro realista pelo mesmo tipo de dramaturgia. Quanto ao teatro moderno, uma dramaturgia sem valor literário retoma o mito e o transmite até nossos dias, enquanto a do outro tipo efetua um processo de desmitificação, principalmente a partir da década de 1950, e que resulta numa personagem humana e mais real.

---

26. O Judeu em Gil Vicente, *Gil Vicente e Camões*, p. 100.

A MÁSCARA EM CENA
E O TEATRO ENQUANTO VEÍCULO
DE MANUTENÇÃO DE PRECONCEITOS

A relação do "homem marginal" com a sociedade na qual interage é sempre conflituosa e complexa. Ao participar simultaneamente de "duas culturas e de duas sociedades que nunca se interpenetram nem se fundem completamente", o marginal desenvolve um tipo especial de personalidade, caracterizado principalmente pela "instabilidade espiritual, intensificada autoconsciência, inquietação e mal-estar". Assim,

o destino que condena o homem marginal a viver ao mesmo tempo em dois mundos, é o mesmo que o compele a assumir, com respeito aos mundos em que vive, o papel de cosmopolita e estranho. Inevitavelmente, torna-se ele, com relação ao seu meio cultural, o indivíduo de maior descortino, de mais aguda inteligência, com o mais desprendido e racional ponto de vista[1].

1. E. Stonequist, *O Homem Marginal*, p. 29 e 31.

A "personalidade multiforme" do marginalizado, que o faz sair de si mesmo e da sociedade para julgá-la criticamente como um objeto, provoca, além de sintomas individuais de aversão e mal-estar pelo contato com o elemento estranho e o denunciador crítico, também demonstrações coletivas de hostilidade que emergem do etnocentrismo.

O judeu que "era, e é, histórica e tipicamente, o homem marginal"[2], foi obrigado a desempenhar no mundo cristão – que sempre o considerou como o estrangeiro, por excelência – diversos papéis sócio-históricos. O exercício de determinadas atividades ou funções ou, ainda, o isolamento em guetos, por exemplo, foram provocados, desde o início de nossa era, por medidas de restrição a ele impostas pelos dirigentes dos grupos majoritários dos países onde vivia. Ao desempenhar os papéis para ele fixados, o judeu foi alvo de uma tipificação, baseada em imagens negativas e estereótipos. Atribuiu-se, então, a todos os membros do grupo étnico, certos traços físicos e de caráter e características culturais que podiam ser observados em alguns membros desse grupo.

Esse processo, observável também com relação a outros segmentos minoritários, foi agravado, no caso do grupo judeu, pela acusação religiosa do deicídio, até hoje uma das principais causas de manifestação do antissemitismo.

Estava, então, forjada a máscara social do judeu, projetada, principalmente, pela recorrência aos elementos acima expostos: a conflituosa convivência do marginalizado com a sociedade mais ampla gerando preconceitos e o reforço ao estigma religioso e às imagens estereotipadas acerca do grupo étnico judeu.

Diversos dramaturgos brasileiros, conforme exposto nos capítulos anteriores, partem dessa tipificação elaborada pela máquina social para retratar a figura do judeu, adotando, então, uma concepção preconceituosa e reproduzindo mitos clássicos. Essa postura, consequentemente, reduz a

2. Ibidem, p. 24.

personagem a uma máscara extremamente rígida, pois ela é construída a partir de uma única ideia ou qualificação moral.

O teatro, quando coloca essa máscara do judeu em cena, sem uma tentativa de iluminar ou aprofundar o clichê proposto, configura-se como um veículo de manutenção de preconceitos. A concretização da máscara, realizada através do desempenho do ator, obedece, nesse caso, às diretrizes propostas pelo texto dramático. Por outro lado, quando o teatro utiliza uma tipificação humana é porque ela tem, em geral, um reconhecimento social garantido: o público que vai ser atingido já conhece o desenho social da figura e entra, então, em contato com uma máscara teatral que lhe é familiar. O fácil reconhecimento, como é o caso do tipo avarento, por exemplo, provoca aproximações fáceis, às vezes de efeito imediato e de grande serventia cômica, a partir de simples gestos, o que garante ao espetáculo a repercussão almejada.

Na realidade, texto, espetáculo e público colaboram para a manutenção do preconceito. Partindo-se do pressuposto de que, em grande parte dos exemplos mencionados nos perfis da personagem judia, o preconceito não é elaborado "racionalmente", sendo antes fruto de uma transmissão acrítica de crenças milenares, o dramaturgo procede de maneira idêntica quando aceita nos mesmos termos esse material, e se baseia nele para delinear a sua versão da personagem judia. O teatro, por sua vez, limita-se a transpor com maior ou menor talento cênico os mesmos estereótipos e encarna as tipificações com a presentificação que é feita pelos atores e pelo cenário. O público, que já conhece a figura estigmatizada de longa data, a reconhece em cena, acolhendo uma imagem clássica, tradicional, pois

a plateia, longe de ser receptora passiva, exerce, necessariamente, um efeito sobre o resultado do desempenho, realimentando-o de alguma maneira no ato de captação, segundo uma escala variável do que se chama participação – a qual depende naturalmente do tipo de envolvimento solicitado e da resposta que lhe é dada, e enriquecendo ou mesmo empobrecendo o produto cênico final e a própria linguagem em que é apresentado[3].

O círculo vicioso está formado: emissor, mensagem e receptor são cúmplices nesse processo de realimentação e conservação da máscara. Autor e ator/diretor têm em vista a preocupação de atingir um espectador determinado e procuram achegar-se, o mais possível, a suas preferências e a sua linguagem. É esse principalmente o caso do circo, teatro de variedades e todos os espetáculos populares, exemplificados nas encenações da paixão e morte de Cristo e da malhação de Judas. O público, por seu lado, tem uma expectativa com relação a essas representações, pois reconhece nelas verdades de tempos imemoriais. É dessa forma que, no palco circense até nossos dias, o judeu continua encarnando o papel de vilão que, por sua responsabilidade na morte de Cristo, se apresenta caracterizado de modo bastante esquemático, tendo apenas seus atributos negativos ressaltados.

Esse processo é também denunciado por Câmara Cascudo em sua análise dos "Motivos Israelitas" no folclore brasileiro. Citando o exemplo de sua mãe que, "incapaz de matar uma galinha, apiedada de todos os sofrimentos alheios, opinando pelo lume do fogão, disse, com a naturalidade das frases feitas, imemoriais e verídicas: – Tem fogo para assar um judeu", o autor assinala:

a imagem não era criação de minha mãe, mas reminiscência instintiva, associando às chamas a figura convulsa do judeu supliciado. Minha mãe era sertaneja e morreu, maior de oitenta anos, ignorando que se queimasse gente viva para salvar-lhe a alma. Mas a frase lhe veio aos lábios porque era uma herança lógica do mecanismo intelectual do passado[4].

O circo e outros espetáculos populares são formas cênicas marcadas por essa transmissão passiva de mitos:

3. J. Guinsburg, O Teatro no Gesto, *Polímica*, p. 48.
4. Motivos Israelitas, *Mouros, Franceses e Judeus*, p. 94.

140

a máscara social fornece o produto que a máquina teatral reproduz. Por isso, concordamos com a afirmação de Vamireh Chacon de que é "nas camadas populares mais incultas onde prossegue intenso o antissemitismo teológico ou religioso"[5]; assim como é no repertório teatral menos elaborado esteticamente que esse antissemitismo é mantido e realimentado. Exemplos: Dramas: *A Vingança do Judeu*, de Augusto Vamprê, Circo Teatro Arethuzza, 1942; *A Carta do Judeu*, de Francisco Colazo, Circo Piolim, 1954; Variedades: *O Bassê* e *O Preço do Beijo*, de J. Maia, Teatro Santana, 1964; Dramas Sacros: *Jesus de Nazaré: Rei dos Judeus*, de José Pires da Costa, Pavilhão Teatro Marabá, 1949; *A Túnica Sagrada*, de Olindo Corleto, Teatro de Alumínio, 1957; *Paulo de Tarso*, de José Fraga, Teatro Novos Comediantes, 1958.

A simples escolha desses textos para serem encenados já revela a intenção de se adotar uma imagem estratificada da personagem judia no palco, cópia servil de sua máscara social. A opção de se encarnar essa máscara, por outro lado, não implica que o desempenho do ator não seja satisfatório, mas ele transmite uma carga de preconceito aos espectadores.

Quanto ao outro tipo de teatro, aquele baseado no texto literário de maior envergadura artística, notamos uma postura dividida. Alguns exemplos do drama brasileiro contemporâneo, principalmente nas encenações a partir da década de 1970, questionam a máscara social do judeu estabelecida pela tradição e abalam, consequentemente, a estereotipia de sua imagem cênica. Na representação de *A Patética*, de João Ribeiro Chaves Neto – com direção de Celso Nunes, no Auditório Augusta, em São Paulo, 1980 –, por exemplo, apesar da projeção de *slides* sobre o nazismo e outros recursos que identificam a personagem Glauco Horowitz como judeu, sua caracterização judaica fica diluída no palco, pois a preocupação do desempenho

---

5. Consciência Nacional e Judaísmo no Brasil, *Revista do IEB*, p. 23.

é com as características humanas e universais da personagem, uma vez que ela é incidentalmente judia. O propósito principal é o de se traçar uma semelhança entre o nazismo e o regime brasileiro da época em que a peça foi escrita.

Quanto ao cristão-novo, pode-se falar em rompimento de sua máscara social pelo teatro, na encenação de *O Santo Inquérito*, de Dias Gomes (com direção de Flávio Rangel, São Paulo, no teatro Sesc Vila Nova, em São Paulo, 1977), na medida em que não se dissolve a especificidade da personagem, que é psicologicamente bem estruturada e surge no palco em sua amplitude. Os cenários e figurinos marcam com precisão o contraste entre o universo simples e despojado do cristão-novo e a ostentação e riqueza do Santo Ofício. Esse contraste surge, também, nitidamente, com relação à linguagem desses dois mundos em conflito – o excesso expressivo do clero reflete sua intenção de manipular ideias, moldando todos os homens a seus propósitos, através de um pressuposto endosso divino. Por outro lado, a ênfase dada pela encenação ao mundo marginal do cristão-novo produz um efeito universalizante que estende a crítica a todas as injustiças sociais provocadas pela opressão e intolerância de um poder constituído.

A máscara teatral do judeu se presta melhor à situação satírica. É principalmente a farsa que resgata uma imagem pronta da personagem e a transpõe ao palco. A figura do avarento, uma das mais veiculadas pelo teatro e normalmente ligada ao tipo do agiota e que surge com Martins Pena, sendo depois retomada por França Jr., tem sua máscara acentuada na representação teatral moderna, que "encarna os detalhes que a palavra apenas sugere"[6] na visão daqueles dramaturgos.

A sutileza de concepção empregada para caracterizar o avarento nos autores assinalados cede lugar no palco a uma composição grosseira baseada em gestos padronizados que precedem a palavra. Quando a personagem Simão, de *O Santo*

---

6. A. Rosenfeld, O Fenômeno Teatral, *Texto/Contexto I*, p. 36.

Milagroso, de Lauro César Muniz (com direção de Osmar Rodrigues Cruz, no Teatro Popular do Sesi, em São Paulo, 1981), entra em cena para receber o pagamento por seu trabalho, além do gesto de estender a mão para avidamente pegar o dinheiro, fica ressaltada uma estereotipia: física, os ombros curvados; e linguística, sotaque carregado, que auxilia a representação teatral, pois proporciona ao público o reconhecimento de uma tipificação social bastante divulgada. A adoção de um processo caricatural para a criação da figura do judeu nesse espetáculo torna mais visível um traço esquemático que se pretende realçar, e esse esquematismo, por sua vez, favorece o efeito cômico pretendido. O fato de a personagem estar bem realizada no palco não impede, mas, antes, acentua, a transmissão de uma imagem preconceituosa.

Na farsa, o judeu encarna sempre o papel de vilão. Sua imagem é composta de traços caricaturais negativos, elaborados a partir de concepções míticas. Essa mesma composição, por sua aceitação popular, não é exclusividade do teatro. Ela é encontrada com frequência também no cinema, no rádio e na televisão. O traço comum, que aproxima a máscara do judeu projetada por todos esses veículos, é resultado da elaboração de um passado longínquo e foi preservada durante séculos. O judeu ainda é visto com "olhos quinhentistas", herança de nossa colonização portuguesa, Câmara Cascudo. Segundo ele, o povo percebe

uma figura abstrata, individualizada mentalmente, somando os atributos negativos imputados pela Antiguidade acusadora. Não personaliza o cidadão de Israel e menos ainda o distingue entre os naturais do Oriente. O comum, no meu tempo, era dizê-los turcos. A esse judeu de estampa antiga, padronizado, típico, funcionalmente desaparecido, associam as imagens bárbaras, vividas na mentalidade de outrora, quando da madrugada histórica do Brasil.[7]

A lentidão com que o teatro brasileiro incorpora, por exemplo, as profissões liberais exercidas pelos judeus,

---

7. Motivos Israelitas, op. cit., p. 93.

enquanto lhes atribui atividades estereotipadas; o dado da permanência de uma caracterização antropológica imprecisa; a persistência da acusação religiosa do deicídio, além da constância assinalada da presença dos mitos do judeu errante e do agiota ou banqueiro, reforçam a tese de que não houve assimilação de dados reais históricos e que o teatro se serviu de uma imagem pronta e a veiculou.

Todos os exemplos mencionados neste estudo, tanto em nível dramatúrgico quanto cênico, demonstram que o esforço do teatro brasileiro com relação à derrubada da máscara social do judeu não é muito relevante, apesar de algumas tentativas do teatro moderno visando esse fim. Se a manutenção do preconceito ocorre quando texto e espetáculo optam por uma concepção estereotipada da personagem judia, esse processo apresenta repercussões não só no terreno artístico. Nesse ponto,

não convém separar a repercussão da obra da sua feitura, pois, sociologicamente ao menos, ela só está acabada no momento em que repercute e atua, porque sociologicamente, a arte é um sistema simbólico de comunicação inter-humana, e como tal interessa ao sociólogo. Ora, todo processo de comunicação pressupõe um comunicante, no caso o artista; um comunicado, ou seja, a obra; um comunicando que é o público a que se dirige; graças a isto se define o quarto elemento do processo, isto é, o seu efeito[8].

No plano artístico, a preservação da máscara tipificante e extremamente rígida torna a personagem judia sempre previsível, sem riqueza psicológica, sem vida, sem complexidade e multiplicidade, além do que seria necessário pela simplificação técnica imposta pela necessidade de se caracterizar uma personagem teatral. Não deixamos de considerar que máscaras são largamente empregadas pelo teatro moderno, tanto na dramaturgia como na encenação, com resultados extremamente satisfatórios, mas essas máscaras são universalizantes e não elegem um grupo social para personificá-las, sendo, portanto, isentas de preconceito.

8. A. Candido, *Literatura e Sociedade*, p. 25.

O segundo efeito da manutenção da imagem preconceituosa do judeu pelo teatro brasileiro extrapola a esfera artística e permite a discriminação de um grupo social, contribuindo, dessa forma, para a persistência de concepções arbitrárias e inexatas que dividem os homens e impossibilitam que os processos de integração social sejam efetuados, não sob a égide da uniformidade, mas pela aceitação das diferenças existentes entre os grupos humanos.

A PERPETUAÇÃO DOS PRECONCEITOS

De tudo o que foi exposto neste estudo, algumas colocações se sobressaem. Existe um mito judeu que foi elaborado na Idade Média, correspondendo aos anseios da Igreja, então em ascensão, e que configurava o judeu como inimigo do mundo cristão. Essa imagem se enraizou na cultura ocidental e pode ser também detectada no drama e teatro brasileiros, enquanto veículos culturais que refletem a nossa vida social.

Tentamos demonstrar como antigas representações persistem até nossos dias, principalmente na dramaturgia de menor valor literário, que ainda vê o judeu como uma entidade mítica, sem qualquer componente humano. Quanto ao drama mais elaborado artisticamente, apesar dos esforços de desmitificação empreendidos a partir da segunda metade do século XX, ele continua a conviver com uma dramaturgia que ainda se baseia na tradição medieval para plasmar a personagem judia.

Vimos, também, que cada período artístico do teatro brasileiro se utiliza da figura do judeu de modo mais ou menos preconceituoso, em função das características históricas e estéticas que o definem.

Outro aspecto que se deve salientar é o que possibilita ao teatro ser um veículo de manutenção de preconceitos. Esse fato se verifica quando texto e espetáculo optam por uma concepção estereotipada da personagem judia e a transmitem a um público que irá reconhecer, na máscara teatral veiculada, um desenho social que lhe é familiar. As consequências desse processo são um empobrecimento na caracterização da personagem, além da contribuição do teatro para a permanência da discriminação contra o grupo social.

Desse modo, podemos concluir que, se o teatro brasileiro, com raras exceções, não assimilou dados reais e críticos para a sua confecção da personagem do judeu, essa postura advém, possivelmente, do fato de a sociedade brasileira, particularmente como se apresenta nas grandes cidades, não ser exatamente uma sociedade aberta – ela tem sido apenas porosa. Essa circunstância, que decorre de nossa formação colonial, conjugada à presença relativamente escassa de judeus nas comunidades brasileiras, como grupo culturalmente individualizado, aparece como uma das razões pelas quais o perfil do judeu no teatro brasileiro é ainda determinado, em grande parte, por concepções padronizadas e traços mítico-religiosos[1].

---

1. Cf. J. Guinsburg; M.A. Toledo, A Máscara do Judeu no Teatro Brasileiro, em A.S. da Silva (org.), *J. Guinsburg: Diálogos Sobre Teatro*.

BIBLIOGRAFIA

Fontes

Departamento de Diversões Públicas (DDP)
Requerimentos protocolados no Departamento de Diversões Públicas do Estado de São Paulo (DDP), que objetivavam a liberação das encenações.

Textos Originais Datilografados

ALMEIDA, Hilário de. *Ben-Hur*, 1943.
ALMEIDA, Hilário de; OLIVEIRA, Benjamin de. *A Família Sagrada ou o Nascimento de Cristo*, 1908.
ÁLVARES, João Teixeira. *Jesus, o Cego e a Leprosa*, 1939.
AZEVEDO, Daniel. *A Rainha Ester*, 1953.
CINELLI, Celestino. *A Vida de Jesus*, 1948.
COLAZO, Francisco. *A Carta do Judeu*, 1954.
CORINALDI, M. *O Milagre de Succá*, 1946.
CORLETO, Olindo. *A Túnica Sagrada*, 1957.
COSTA, José Pires. *Jesus de Nazaré: Rei dos Judeus*, 1949.
DIAS, Olindo. *Sansão e Dalila*, 1951.
FERNANDES, Carlos Dias. *Sansão e Dalila*, 1954.
FRAGA, José. *Paulo de Tarso*, 1958.
FREITAS, Otávia Maia. *História de Jesus*, 1953.

MAIA, J. *Estrelas e Astros de Israel*, 1964.
MANDERFELT, João. *Rainha Ester*, 1957.
MARTINI, Wanderley; MEMO, Alexandre. *Barrabás: O Enjeitado*, 1958.
NEVES, Carlos Dayton. *São João Batista: Arauto do Cristianismo*, 1953.
ORIONE, Luiz. *A Paixão de Nosso Senhor Jesus Cristo*, 1963.
SPINA, Pedro João. *O Manto de Cristo*, 1946.
VALE, José A. *Rabi da Galileia*, 1965.
VAMPRÊ, Augusto. *A Vingança do Judeu*, 1943.

Banco de Peças do Serviço Nacional de Teatro (SNT)
Textos Originais Datilografados

ADRE, Henrique. *Ódio e Raça*, 1972.
BENEDETTI, Lúcia. *Sigamos a Estrela*.
BETHENCOURT, João. *O Dia Que Raptaram o Papa*.
CERQUEIRA, Flávio. *Não Respire, Não Coma, Não Ria*.
FARIA, Otávio de. *Três Tragédias à Sombra da Cruz*.
HORA, Mário de Araújo. *Cântico dos Cânticos*, 1958.
MOHANA, João. *Abrão e Sara*,[s.d.].
PALLOTINI, Renata. *A Estrela*, [s.d.].
_____. *Cena de Natal*, [s.d.].

Textos Publicados

ALENCAR, José Martiniano de. *Teatro Completo*. Rio de Janeiro: SNT/MEC/ Funarte, 1977.
ALMEIDA, Júlia Lopes de. Nos Jardins de Saul. *Teatro*. Porto: Renascença Portuguesa, 1917.
ALVIM, Renato. Apresentação de "Os Cáftens". *Revista de Teatro-SBAT*, Rio de Janeiro, n. 310, jul. 1959.
ANCHIETA, José de. *Na Vila da Vitória*. São Paulo: Museu Paulista, 1950.
ANDRADE, Jorge. *Marta, a Árvore e o Relógio*. 2. ed., 3. reimpr. São Paulo: Perspectiva, 2008. (Col. Textos, 1.)
ANDRADE, Oswald de. O Homem e o Cavalo. *Teatro*. Rio de Janeiro: Civilização Brasileira, 1976.
AYALA, Valmir. *Sarça Ardente*. Porto Alegre: Teatro Universitário, 1958.
AZEVEDO, Artur. A Joia. *Revista de Teatro – SBAT*, Rio de Janeiro, n. 286, jul.-ago. 1955.
BARBOSA, Marcos. *Autos de Natal*. Rio de Janeiro: Agir, 1959.
BARROS, Olavo de. A Morte de Samuel Klaus. *Jornal dos Teatros*, Lisboa, n. 19, 1961.
BELINKY, Tatiana. Ester, a Rainha. *Teatro da Juventude*, 3, n. 13, ago. 1967.
_____. Moisés Salvo das Águas. *Teatro da Juventude*, 3, n. 16, nov. 1967.
_____. Sansão; José e seus Irmãos; A Passagem do Mar Vermelho; O Cajado de Moisés Transforma-se em Serpente. Textos datilografados.
BOTELHO DE OLIVEIRA, Manuel. *Hay Amigo Para Amigo*. Rio de Janeiro: SNT/MEC, 1973.
BUARQUE DE HOLANDA, Chico; GUERRA, Ruy. *Calabar*. Rio de Janeiro: Civilização Brasileira, 1973.

CARDOSO, Augusto Lopes. Os Cáftens. *Revista de Teatro – SBAT*, Rio de Janeiro, n. 310, jul. 1959.

CEPELOS, Batista. Maria Madalena, *Revista de Teatro – SBAT*, Rio de Janeiro, n. 304, jul.-ago. 1958.

CHAVES NETO, João Ribeiro. *Patética*. Rio de Janeiro: Civilização Brasileira, 1978.

CHEN, Ari. *Se Eu Te Esquecer, Jerusalém*. Rio de Janeiro: SNT/MEC, 1967.

_____. *O Sétimo Dia*. Rio de Janeiro: SNT/MEC, 1968.

COELHO NETO, Henrique Maximiliano. *Pastoral*. Porto: Chardon, 1923.

DIAS GOMES, Alfredo. *O Santo Inquérito*. Rio de Janeiro: Civilização Brasileira, 1977.

FERNANDES, Millôr; RANGEL, Flávio. *Liberdade, Liberdade*. Rio de Janeiro: Civilização Brasileira, 1976.

FRANÇA JÚNIOR, Joaquim José. Meia Hora de Cinismo. *Teatro de França Júnior*. Rio de Janeiro: SNT/MEC/Funarte, 1980.

GARRIDO, Eduardo. *O Mártir do Calvário*. Rio de Janeiro: América, 1904.

GONÇALVES DE MAGALHÃES, Domingos José. *Antonio José ou O Poeta e a Inquisição*. Rio de Janeiro: MEC/SNT, 1972.

GOULART DE ANDRADE, José Maria. "Jesus". *Teatro*. Rio de Janeiro: Garnier. 1909.

GREBAN, Arnoul. A Paixão. Adaptação de Luiz Peixoto. *Revista de Teatro – SBAT*. Rio de Janeiro, n. 279, maio-jun. 1954.

LENCY, Frei. O Messias. *Teatro de Natal*. São Paulo: Paulinas, 1978.

MACEDO, Joaquim Manuel de. *Teatro Completo*. Rio de Janeiro: SNT/MEC/Funarte, 1979.

MACHADO, Lourival Gomes. "Raquel". *Revista Anhembi*, São Paulo, v. 1, n. 9, dez. 1950.

MAGALHÃES JR., Raimundo. *Um Judeu*. Rio de Janeiro: A Noite, 1939.

MARCOS, Plínio. *Jesus-Homem*. São Paulo: Grêmio Politécnico, 1981.

MARTINS PENA, Luís. *Teatro de Martins Pena*. Rio de Janeiro: Edições de Ouro, [s.d.].

MENEZES, Maria Wanderley. *Madalena e Salomé*. Rio de Janeiro: SNT, [s.d.].

MENOTTI DEL PICCHIA, Paulo. *Jesus e Moisés*. São Paulo: Cia. Editora Nacional, 1933.

MUNIZ, Lauro César. O Santo Milagroso. *Revista de Teatro – SBAT*. Rio de Janeiro, n. 356, mar.-abr. 1967.

QORPO-SANTO. *Teatro Completo*. Rio de Janeiro: SNT/MEC/Funarte, 1980.

SEGALL, Maurício. *O Coronel dos Coronéis*. Rio de Janeiro: SNT/MEC/Funarte, 1978.

TINOCO, Godofredo. Judas no Tribunal. *Revista de Teatro – SBAT*. Rio de Janeiro, n. 321, abr. 1961.

VIRIATO CORRÊA. Maurício de Nassau. *Revista de Teatro – SBAT*. Rio de Janeiro, n. 357, maio-jun. 1967.

Geral

ADORNO, Theodor et al. *La Personalidad Autoritaria*. Buenos Aires: Proyección, 1965.

ALMEIDA PRADO, Décio de. *Apresentação do Teatro Brasileiro Moderno.* São Paulo: Martins, 1956.

_____. *Teatro em Progresso.* São Paulo: Martins, 1964.

ALVES DE LIMA, Mariangela et al. *Anos 70: Teatro.* Rio de Janeiro: Europa, 1980.

BASTIDE, Roger. *Arte e Sociedade.* São Paulo: Cia. Editora Nacional/USP, 1971.

BASTIDE, Roger; FERNANDES, Florestan. *Brancos e Negros em São Paulo.* São Paulo: Cia. Editora Nacional, 1959.

BENTLEY, Eric. *A Experiência Viva do Teatro.* Rio de Janeiro: Zahar, 1967.

BORBA FILHO, Hermilo. Teatro Popular em Pernambuco. *Dionysos*, Rio de Janeiro, v. 14, n. 17, jul. 1969.

_____. *Fisionomia e Espírito de Mamulengo: O Teatro Popular do Nordeste.* São Paulo: Cia. Editora Nacional/USP, 1966.

BORGES, Jorge Luis. *Elogio da Sombra.* Porto Alegre: Globo, 2001.

BORNHEIM, Gerd. *O Sentido e a Máscara.* 3. ed., 3. reimpr. São Paulo: Perspectiva, 2011. (Col. Debates, 8.)

BOSI, Alfredo. *História Concisa da Literatura Brasileira.* São Paulo: Cultrix, 1980.

BUARQUE DE HOLANDA, Sérgio (org.). *História Geral da Civilização Brasileira.* São Paulo: Difusão Europeia do Livro, 1976.

CAFEZEIRO, Edwaldo. O Teatro no Brasil Colonial. *Dionysos*, Rio de Janeiro, v. 21, n. 18, dez. 1970.

CÂMARA CASCUDO, Luís. *Mouros, Franceses e Judeus.* São Paulo: Perspectiva, 1984. (Col. Debates, 185.)

CANDIDO, Antonio. *Formação da Literatura Brasileira: Momentos Decisivos.* São Paulo: Martins, 1964.

_____. *Literatura e Sociedade.* São Paulo: Cia. Editora Nacional, 1973.

_____. *Tese e Antítese.* São Paulo: Cia. Editora Nacional, 1971.

CARNEIRO, Maria Luiza Tucci. *Os Cristãos-Novos e a Questão da Pureza de Sangue em Portugal e Brasil Colônia (Séc. XVI-XIX).* Dissertação de mestrado, Departamento de História, São Paulo, USP, 1981.

CHACON, Vamireh. Consciência Nacional e Judaísmo no Brasil. *Revista do IEB*, n. 10, 1971.

COUTINHO, Afrânio (org.). *A Literatura no Brasil.* Rio de Janeiro: Sul Americana, 1970.

_____. *Introdução à Literatura no Brasil.* Rio de Janeiro: Civilização Brasileira, 1978.

DEUTSCHER, Isaac. *O Judeu Não Judeu e Outros Ensaios.* Rio de Janeiro: Civilização Brasileira, 1970.

DORIA, Gustavo. *Moderno Teatro Brasileiro.* Rio de Janeiro: SNT/MEC/ Funarte, 1975.

DUVIGNAUD, Jean. *Sociologie du théâtre.* Paris: PUF, 1965.

ENCYCLOPEDIA *Judaica.* Jerusalem: Keter, 1973. V. 4

FORD, Henry. *O Judeu Internacional.* Porto Alegre: Globo, 1933.

FREYRE, Gilberto. *Casa Grande e Senzala.* Rio de Janeiro: José Olympio, 1966.

FURTADO, Celso. *Formação Econômica do Brasil.* Rio de Janeiro: Fundo de Cultura, 1959.

GOFFMAN, Erving. *Estigma: Notas Sobre a Manipulação da Identidade Deteriorada*. Rio de Janeiro: Zahar, 1982.

GOLDMANN, Lucien et al. *Sociologia da Arte*. Rio de Janeiro: Zahar, 1969. V. 4.

_____. *Sociologia do Romance*. Rio de Janeiro: Paz e Terra, 1967.

GRIECO, Agrippino et al. *Por Que Ser Anti-semita? Um Inquérito Entre Intelectuais Brasileiros*. Rio de Janeiro: Civilização Brasileira, 1933.

GRIMBOIM, Itsjak. *Historia del Movimiento Sionista*. Buenos Aires: Organización Sionista Mundial, 1955.

GUINSBURG, J. *Aventuras de uma Língua Errante*. São Paulo: Perspectiva, 1996.

_____. O Teatro no Gesto. *Polímica,* São Paulo, n. 2, 1980.

_____. *O Judeu e a Modernidade*. São Paulo: Perspectiva, 1970. (Col. Judaica, 13.)

GUINSBURG, J.; FALBEL, Nachman. *Os Marranos*. São Paulo: Centro de Estudos Judaicos – FFLCH-USP, 1977.

GUINSBURG, J.; TOLEDO, Maria Augusta. A Máscara do Judeu no Teatro Brasileiro. In: SILVA, Armando Sérgio da (org.). *J. Guinsburg: Diálogos Sobre o Teatro*. 2. ed. São Paulo: Edusp, 2002.

_____. *Raízes do Brasil*. Rio de Janeiro: Livraria José Olympio, 1978.

IANNI, Octavio. *Raças e Classes Sociais no Brasil*. Rio de Janeiro: Civilização Brasileira, 1966.

ISAAC, Jules. *Genèse de l'antisémitisme*. Paris: Calmann Lévy, 1956.

IZECKSOHN, Isaac. *O Anti-semitismo: Uma Alergia Social*. São Paulo: Tipografia Formosa, 1954.

JAHODA, Marie; ACKERMAN, Nathan Ward. *Distúrbios Emocionais e Anti--semitismo*. São Paulo: Perspectiva, 1969. (Col. Debates, 10.)

KON, Fany. Da Melah aos Igarapés da Amazônia. *Revista Shalom*, São Paulo, maio 1984.

KRAUSZ, Rosa R. *Problemas de Sociologia Judaica*. São Paulo: Centro de Estudos Judaicos – FFLCH-USP, 1976.

LAFER, Celso. O Judeu em Gil Vicente. *Gil Vicente e Camões*. São Paulo: Ática, 1978.

LEITE, Dante Moreira. *O Caráter Nacional Brasileiro*. São Paulo: Pioneira, 1968.

LÉVI-STRAUSS, Claude. *Mito e Linguagem Social: Ensaios de Antropologia Estrutural*. Rio de Janeiro: Tempo Brasileiro, 1970.

LINTON, Ralph. *O Homem: Uma Introdução à Antropologia*. São Paulo: Martins, 1969.

LIPINER, Elias. *A Nova Imigração Judaica no Brasil*. Rio de Janeiro: Biblos, 1962.

_____. *Os Judaizantes nas Capitanias de Cima*. São Paulo: Brasiliense, 1969.

LOEWENSTEIN, Rodolphe. *Psicanálise do Anti-semitismo*. São Paulo: Senzala, 1968.

LOPES, Hélio. *Letras de Minas e Outros Ensaios*. São Paulo: Edusp, 1997.

MACHADO DE ASSIS, Joaquim Maria. *Crítica Teatral*. Rio de Janeiro: W.M. Jackson, 1944.

MACRAE, Donald. *As Idéias de Weber*. São Paulo: Cultrix/Edusp, 1975.

MAGALDI, Sábato. *Panorama do Teatro Brasileiro*. Rio de Janeiro: SNT/MEC/Funarte, 1980.

MAGALDI, Sábato; VARGAS, Maria Thereza. Cem Anos de Teatro em São Paulo. *O Estado de S. Paulo*, São Paulo, 27 dez. 1975, 3 jan. 1976, 17 jan. 1976.

MAGALHÃES JR., Raimundo. *Martins Pena e Sua Época*. Rio de Janeiro: INL, 1972.

MANNHEIM, Karl. *Sociologia da Cultura*. Tradução de Roberto Gambini. 2. ed., 3. reimpr. São Paulo: Perspectiva, 2012. (Col. Estudos, 32.)

MARTINS, Wilson. *História da Inteligência Brasileira*. Ponta Grossa: Editora da UEPG, 2010.

MENDES, Miriam Garcia. *A Personagem Negra no Teatro Brasileiro: Entre 1838 e 1888*. Dissertação de mestrado, Escola de Comunicação e Artes, São Paulo, USP, 1972.

MENDRAS, Henri. *Princípios de Sociologia: Uma Iniciação à Análise Sociológica*. Rio de Janeiro: Zahar, 1967.

NOVINSKY, Anita. *Cristãos Novos na Bahia*. 2. ed. São Paulo: Perspectiva, 2013. (Col. Estudos, 9.)

_____. Anti-semitismo e Ideologia. *O Estado de S. Paulo*, São Paulo, 5 nov. 1978.

OMEGNA, Nelson. *Diabolização dos Judeus: Martírio e Presença dos Sefardins no Brasil Colonial*. Rio de Janeiro: Record, 1969.

PAIVA, José Maria Bezerra de. O Teatro em Fortaleza. *Dionysos*, Rio de Janeiro, v. 14, n. 17, jul. 1969.

PEREZ, José. *Questão Judaica: Questão Social*. São Paulo: Revista dos Tribunais, 1933.

PIRES, Meira. O Teatro no Rio Grande do Norte. *Dionysos*, Rio de Janeiro, v. 14, n. 17, jul. 1969.

POLIAKOV, Léon Vladimirovich. *Histoire de l'antisémitisme*. Paris: Calmann-Lévy, 1961.

_____. *O Mito Ariano*. Tradução de Luís João Gaio. São Paulo: Perspectiva, 1974. (Col. Estudos, 34.)

_____. *De Maomé aos Marranos*. 2. ed. Tradução de Ana M. Goldberger Coelho e J. Guinsburg. São Paulo: Perspectiva, 1996. (Col. Estudos, 64.)

PORTO, Humberto. *Os Protocolos do Concílio Vaticano II Sobre os Judeus*. São Paulo: Diálogo, 1984.

PRADO JR., Caio. *Formação do Brasil Contemporâneo*. São Paulo: Brasiliense, 1953.

RAMOS, Arthur. *Introdução à Antropologia Brasileira*. Rio de Janeiro: Casa do Estudante do Brasil, 1947. 2 v.

RATTNER, Henrique et al. *Nos Caminhos da Diáspora: Uma Introdução ao Estudo Demográfico dos Judeus*. São Paulo: Centro de Estudos Judaicos – FFLCH-USP, 1972.

RIBEIRO, João. *Curiosidades Verbais*. São Paulo: Melhoramentos, 1927.

ROCHA FILHO, Rubem. Aspectos da Dramaturgia Nordestina. *Dionysos*, Rio de Janeiro, v. 14, n. 17, jul. 1969.

ROSENFELD, Anatol. *Mistificações Literárias: Os Protocolos dos Sábios do Sião*. 2. ed. São Paulo: Perspectiva, 2011. (Col. Elos, 3.)

_____. *Texto/Contexto 1*. 5. ed., 3. reimpr. São Paulo: Perspectiva, 2013. (Col. Debates, 7.)

_____. *Teatro Moderno*. 2. ed., 3. reimpr. São Paulo: Perspectiva, 2008. (Col. Debates, 153.)

ROTH, Cecil (org.). *Enciclopédia Judaica*. Rio de Janeiro: Tradição, 1967.

SACRAMENTO BLAKE, A. Alves. *Diccionario Bibliographico Brazileiro*. Rio de Janeiro: Typografia Nacional, 1883.

SALVADOR, José Gonçalves. *Cristãos-Novos, Jesuítas e Inquisição*. São Paulo: Pioneira, 1966.

_____. *Os Cristãos-Novos nas Capitanias do Sul (1530 -1680): Aspectos Religiosos*. Tese de doutorado, Departamento de História, São Paulo, USP, 1967.

SANTARENO, Bernardo. *O Judeu: Narrativa Dramática em Três Atos*. 6. ed. Lisboa: Ática, 1983.

SARAIVA, Antônio José. *A Inquisição Portuguesa*. Lisboa: Publicações Europa-América, 1956.

SARTRE, Jean-Paul. Reflexões Sobre a Questão Judaica. *Reflexões Sobre o Racismo*. São Paulo: Difusão Europeia do Livro, 1968.

SCHWARZ, Roberto. *Ao Vencedor as Batatas*. São Paulo: Duas Cidades, 1977.

SCLIAR, Moacyr. Pequena História da Usura. *Folha de S.Paulo,* São Paulo, 8 maio 1983.

SILVEIRA, Miroel. *A Outra Crítica*. São Paulo: Símbolo, 1976.

_____. *A Contribuição Italiana ao Teatro Brasileiro*. São Paulo: Quiron / Instituto Nacional do Livro, 1976.

SODRÉ, Nelson Werneck. *Formação Histórica do Brasil*. São Paulo: Brasiliense, 1962.

SOUSA, José Galante de. *O Teatro no Brasil*. Rio de Janeiro: Instituto Nacional do Livro, 1962.

STONEQUIST, Everett. *O Homem Marginal: Estudo da Personalidade e Conflito Cultural*. São Paulo: Martins, 1948.

TRACHTENBERG, Joshua. *The Devil and the Jews*. New York: Harper & Row, 1956. (Torchbooks)

UNESCO (org.). *Raça e Ciência I*. Tradução de Dora Ruhman e Geraldo Gerson de Souza. São Paulo: Perspectiva, 1970. (Col. Debates, 25.)

_____. *Raça e Ciência II*. Tradução de Fernando dos Santos Fonseca. São Paulo: Perspectiva, 1972. (Col. Debates, 56.)

WEBER, Max. *Ensaios de Sociologia e Outros Escritos*. São Paulo: Abril, 1974. (Col. Os Pensadores.)

WILLEMS, Emilio. A Assimilação dos Judeus. *Sociologia*. Rio de Janeiro, v. 7, n. 1, 1945.

WINDMÜLLER, Käthe. *O "Judeu" no Teatro Romântico Brasileiro*. São Paulo: Centro de Estudos Judaicos – FFLCH-USP, 1984.

WIZNITZER, Arnold. *Os Judeus no Brasil Colonial*. São Paulo: Pioneira, 1960.

WOLFF, Egon; WOLFF, Frieda. *Judeus no Brasil Imperial: Uma Pesquisa nos Documentos e no Noticiário da Época*. São Paulo: Centro de Estudos Judaicos – FFLCH-USP, 1975.

_____. *Judeus nos Primórdios do Brasil República*. Rio de Janeiro: Biblioteca Israelita H.N. Bialik – Centro de Documentação, 1979.

TEATRO NA DEBATES

O Sentido e a Máscara
Gerd A. Bornheim (D008)

A Tragédia Grega
Albin Lesky (D032)

Maiakóvski e o Teatro de Vanguarda
Angelo M. Ripellino (D042)

O Teatro e sua Realidade
Bernard Dort (D127)

Semiologia do Teatro
J. Guinsburg, J. T. Coelho Netto e Reni C. Cardoso (orgs.) (D138)

Teatro Moderno
Anatol Rosenfeld (D153)

O Teatro Ontem e Hoje
Célia Berrettini (D166)

Oficina: Do Teatro ao Te-Ato
Armando Sérgio da Silva (D175)

O Mito e o Herói no Moderno Teatro Brasileiro
Anatol Rosenfeld (D179)

Natureza e Sentido da Improvisação Teatral
Sandra Chacra (D183)

Jogos Teatrais
Ingrid D. Koudela (D189)

*Stanislávski e o Teatro de
Arte de Moscou*
J. Guinsburg (D192)

O Teatro Épico
Anatol Rosenfeld (D193)

Exercício Findo
Décio de Almeida Prado (D199)

O Teatro Brasileiro Moderno
Décio de Almeida Prado (D211)

Qorpo-Santo: Surrealismo ou Absurdo?
Eudinyr Fraga (D212)

Performance como Linguagem
Renato Cohen (D219)

Grupo Macunaíma: Carnavalização e Mito
David George (D230)

Bunraku: Um Teatro de Bonecos
Sakae M. Giroux e Tae Suzuki (D241)

No Reino da Desigualdade
Maria Lúcia de Souza B. Pupo (D244)

A Arte do Ator
Richard Boleslavski (D246)

Um Vôo Brechtiano
Ingrid D. Koudela (D248)

Prismas do Teatro
Anatol Rosenfeld (D256)

Teatro de Anchieta a Alencar
Décio de Almeida Prado (D261)

A Cena em Sombras
Leda Maria Martins (D267)

Texto e Jogo
Ingrid D. Koudela (D271)

O Drama Romântico Brasileiro
Décio de Almeida Prado (D273)

Para Trás e Para Frente
David Ball (D278)

Brecht na Pós-Modernidade
Ingrid D. Koudela (D281)

O Teatro É Necessário?
Denis Guénoun (D298)

O Teatro do Corpo Manifesto: Teatro Físico
Lúcia Romano (D301)

O Melodrama
Jean-Marie Thomasseau (D303)

Teatro com Meninos e Meninas de Rua
Marcia Pompeo Nogueira (D312)

O Pós-Dramático: Um conceito Operativo?
J. Guinsburg e Sílvia Fernandes (orgs.) (D314)

Contar Histórias com o Jogo Teatral
Alessandra Ancona de Faria (D323)

Teatro no Brasil
Ruggero Jacobbi (D327)

Teatro Brasileiro: Ideias de uma História
J. Guinsburg e Rosangela Patriota (D329)

Dramaturgia: A Construção da Personagem
Renata Pallottini (D330)

Caminhante, Não Há Caminhos. Só Rastros
Ana Cristina Colla (D331)

Ensaios de Atuação
Renato Ferracinio (D332)

Máscara e Personagem: O Judeu no Teatro Brasileiro
Maria Augusta de Toledo Bergerman (D334)

Este livro foi impresso em São Bernardo do Campo,
nas oficinas da Paym Gráfica e Editora, em outubro de 2013,
para a Editora Perspectiva.